CONGRÈS RÉGIONAL DES PETITES A.

DE NORMANDIE

Organisé par

LE CERCLE CAENNAIS DE LA LIGUE DE L'ENSEIGNEMENT

SOUS LA PRÉSIDENCE D'HONNEUR DE

M. Louis BARTHOU
Président du Conseil
Ministre de l'Instruction publique et des Beaux-Arts

M. Henry CHÉRON
Ministre du Travail
et de la Prévoyance sociale

a LA PRÉSIDENCE EFFECTIVE DE

M. Édouard PETIT
Vice-Président de la Ligue française de l'Enseignement
Inspecteur général de l'Instruction publique
Délégué de M. le Ministre de l'Instruction publique et des Beaux-Arts

ASSISTÉ DE

M. Jules CABOUAT
Professeur à la Faculté de Droit de l'Université de Caen
Président du Cercle Caennais de la Ligue de l'Enseignement

CAEN
Imprimerie Charles VALIN
13, rue Écuyère, 13
—
1913

IVe CONGRÈS RÉGIONAL

des " Petites A " de Normandie

à CAEN

2, 3 et 4 Mai 1913

Ligue française de l'enseignement

CONGRÈS RÉGIONAL DES PETITES A.

DE NORMANDIE

Organisé par

LE CERCLE CAENNAIS DE LA LIGUE DE L'ENSEIGNEMENT

SOUS LA PRÉSIDENCE D'HONNEUR DE

M. Louis BARTHOU	M. Henry CHÉRON
Président du Conseil	Ministre du Travail
Ministre de l'Instruction publique et des Beaux-Arts	et de la Prévoyance sociale

a LA PRÉSIDENCE EFFECTIVE DE

M. Édouard PETIT

Vice-Président de la Ligue française de l'Enseignement
Inspecteur général de l'Instruction publique
Délégué de M. le Ministre de l'Instruction publique et des Beaux-Arts

ASSISTÉ DE

M. Jules CABOUAT

Professeur à la Faculté de Droit de l'Université de Caen
Président du Cercle Caennais de la Ligue de l'Enseignement

CAEN
Imprimerie Charles VALIN
13, rue Écuyère, 13

—

1913

Table des Matières

Bureau du Congrès	5
Organisation du Congrès	6
Réception de M. Edouard Petit	8
Ouverture du Congrès	11
Séances des Commissions :	
Rapport de M. Balland	12
Vœux de la 1re Commission	21
Rapport de M. Lescoffier	22
Vœux de la 2e Commission	26
Rapport de M. Pain	27
Vœux de la 3e Commission	34
Rapport de Mme Bois	36
Vœux de la 4e Commission	47
Séance plénière	48
Rapport de M. Toussaint	48
La Fête de gymnastique et de préparation militaire	57
La conférence de M. Hugues Le Roux	61
Assemblée départementale des Délégués cantonaux	62
Arrivée des Ministres	64
Séance de clôture	66
Discours de M. Edouard Petit	67
Discours de M. Jules Cabouat	70
Rapport général de M. Ch. Guerlin de Guer	72
Discours de M. Louis Barthou, Président du Conseil, Ministre de l'Instruction Publique et des Beaux-Arts	76
Pièces annexes	80
I. — Comité d'honneur et Comité d'organisation du Congrès	80
II. — Sociétés ayant pris part au Congrès	82
III. — Rapports et Communications adressés au Congrès	95
IV. — Distinctions honorifiques	98

BUREAU DU CONGRÈS

4ᵐᵉ Congrès régional des « Petites A »

à CAEN

Les 2, 3 et 4 Mai 1913

Président : M. Edouard PETIT

Inspecteur général, Délégué de M. le Ministre de l'Instruction publique

Assisté de M. JULES CABOUAT, Professeur à la Faculté de droit, adjoint au maire de Caen, *Président du Cercle Caennais de la Ligue de l'Enseignement.*
Vice-Président: M. TOUSSAINT, Directeur de l'École normale d'Instituteurs ;
Secrétaire général: M. MEUNIER, Directeur de l'École primaire supérieure ;
Trésorier: M. SÉBILLAUT, Professeur à l'École primaire supérieure ;
Rapporteurs spéciaux: MM. BALLAND, Inspecteur primaire à Caen ;
    LESCOFFIER, Professeur au Lycée Malherbe ;
    PAIN, Directeur d'École publique, à Caen ;
    Mᵐᵉ BOIS, Professeur à l'École normale d'Institutrices.
Rapporteur général: M. Ch. GUERLIN DE GUER, Professeur au Lycée Malherbe.

I

Organisation du Congrès

Organisé en quelques semaines, dû à l'initiative du Cercle Caennais de la Ligue de l'Enseignement et de son distingué Président, M. Jules Cabouat, Professeur à la Faculté de droit, adjoint au maire de Caen, dirigé dans ses travaux par l'éminent Inspecteur général, M. Edouard Petit, délégué du Ministre, honoré dans sa séance de clôture par la présence de M. Barthou, Président du Conseil, Ministre de l'Instruction publique, qu'assistaient MM. Pichon, Ministre des Affaires étrangères, Klotz, Ministre des Finances, et Henry Chéron, Ministre du Travail et de la Prévoyance sociale, le *Congrès régional des Petites A. de Normandie*, tenu à Caen les 2, 3 et 4 mai, a été un véritable triomphe pour l'école laïque.

Placé sous le haut patronage du Conseil général du Calvados et du Conseil municipal de Caen, le Congrès fut favorisé, dès la première heure, par les subventions du Conseil général, de la municipalité et du Cercle Caennais, subventions qui permirent de donner aux fêtes un éclat particulier.

Le Comité d'honneur avait à sa tête les plus hautes notabilités : MM. Gasquet, Directeur de l'Enseignement primaire ; Hendlé, Préfet du Calvados ; Tillaye, Sénateur ; Le Cherpy, Député ; Fabry, premier président à la Cour d'appel de Caen ; Abord, Procureur général ; Moniez, Recteur de l'Académie de Caen ; général Léautier ; Perrotte, maire de Caen ; Gidon et Nicolas, adjoints au maire ; Tesnière, vice-président du Conseil général ; Gallier, conseiller général ; Peyre, Trésorier-payeur général du Calvados ; Dessoye, député de la Haute-Marne,

Président de la Ligue française de l'Enseignement ; Robelin, Secrétaire général de la Ligue ; MM. les Inspecteurs d'Académie du Calvados, de l'Eure, de la Manche, de l'Orne, de la Seine-Inférieure ; la plupart des Directeurs, Directrices d'Ecoles normales, et des Inspecteurs primaires de la région normande et de la Sarthe.

Grâce au concours de la Presse locale, en particulier du *Journal de Caen* ; grâce au dévouement de tous les membres du Comité d'organisation, une active propagande fut faite dans les six départements du ressort de l'Académie de Caen ; et, malgré le peu de temps laissé aux Congressistes, le distingué secrétaire du Comité, M. Meunier, Directeur de l'Ecole primaire supérieure de Caen, ne reçut pas moins de 160 adhésions de « Petites A. » normandes, et de 80 rapports sur les quatre questions mises à l'étude :

Les *Petites A. et la seconde instruction* (Cours d'adultes, d'apprentissage, etc.) ;

Les *Petites A. et les fêtes* (salles spéciales ; maisons d'adolescence) ;

Les *Petites A. et l'éducation physique* ;

Les *Petites A. féminines et l'enseignement ménager.*

Tel était le vaste programme des travaux du Congrès.

II

Réception de M. Edouard Petit

Le vendredi 2 mai, une nombreuse assistance, composée de membres et d'amis de l'Enseignement, se pressait dans la salle des fêtes de l'Hôtel de Ville où devait être reçu officiellement M. Edouard Petit, Président du Congrès.

M. Jules Cabouat, Président du *Cercle Caennais*, souhaita la bienvenue à M. Edouard Petit.

Il remercie, au nom de tous les bons citoyens, l'éminent Inspecteur général, pour les belles et généreuses idées qu'il répand dans la France entière. La ville de Caen, qui, depuis longtemps déjà, possède plusieurs patronages laïques, de nombreuses œuvres postscolaires, comme les œuvres du Trousseau et celle des Colonies de vacances était toute désignée pour être le siège d'un Congrès des « Petites A. ».

« Quelle simple et belle chose, ajoute l'orateur, symbolisent les « Petites A.». C'est un foyer de solidarité prolongeant l'école, ce sont des associations et des centres de ralliement où anciens et anciennes élèves peuvent venir chaque soir se retremper dans l'enseignement des maîtres et recevoir les conseils et les encouragements indispensables pour les guider dans la vie et les mettre en garde contre ses dangers.

« Depuis vingt années d'existence, ces œuvres, dont M. Edouard Petit est l'initiateur et l'infatigable propagandiste, prouvent que l'enseignement post-scolaire a porté ses fruits.»

M. Jules Cabouat remercie d'une façon spéciale M. le Préfet du Calvados, M. le Recteur de l'Académie et M. le Maire de

Caen du précieux appui qu'ils ont bien voulu accorder aux organisateurs du Congrès. Les efforts et la propagande de tous n'auront pas été inutiles.

Rappelant le Congrès de la *Ligue de l'Enseignement*, qui eut son siège à Caen en 1901, le dévoué président du *Cercle Caennais* rappelle la part qu'a prise à cette grandiose manifestation M. Léon Robelin, Secrétaire général de la Ligue. L'orateur dit ensuite combien il a été touché des nombreux témoignages de sympathie qu'il a reçus des personnalités empêchées au dernier moment de venir prendre part aux travaux du Congrès. Après avoir excusé tout spécialement M. Dessoye, Président de la *Ligue*, retenu dans la Haute-Marne par son mandat de Conseiller général, il donne lecture au milieu des applaudissements de l'assistance, d'une lettre de M. Léon Bourgeois, ancien Ministre du Travail, qui exprime tous ses regrets de ne pouvoir assister au Congrès, et où, se rappelant le chaleureux accueil qui lui fut fait l'an dernier par la population caennaise, il assure ses amis de Caen de son dévouement à la belle œuvre des Petites A.

M. Edouard Petit se lève à son tour et prononce une brillante allocution.

« Ne voulant pas, dit-il, faire un discours d'ouverture, pas même une conférence, il tient cependant à remercier M. Cabouat des paroles si aimables qu'il vient de lui adresser. Ce qui a été fait à Alençon, à Honfleur et au Havre va avoir lieu à Caen : le Congrès des « Petites A. » conserve la tradition et continue une œuvre de décentralisation particulièrement intéressante.

« Sous leur nom énigmatique, les « Petites A. » révèlent une institution sociale sérieuse et utile. A côté des importants groupements des anciens élèves des lycées, des collèges, des grandes écoles, il y a maintenant les petites associations des élèves des petites écoles, mais elles sont « grandes » cependant, car, l'an prochain, elles vont fêter leur 20° anniversaire et dépasser le chiffre de 700.000 membres.

« Après la classe, les jeunes gens se réunissent, ils cherchent à s'amuser, mais — merveilleux résultat — ils sélectionnent leurs jeux et bientôt nous donnent le merveilleux exemple de jeunes gens faisant eux-mêmes l'éducation de leur goût et offrant dans leurs fêtes des spectacles choisis.

« Instructives sont les Petites A., car, suppléant aux universités populaires, elles permettent aux adolescents, aux adultes de s'instruire entre eux. Ces cours complémentaires, en développant sous toutes ses formes l'instruction de la jeunesse populaire, nous promettent une démocratie où sans cesse s'élèvera le niveau intellectuel, où, sans cesse, le sens artistique ira en se développant.

« Et quelle belle œuvre sociale elles accomplissent chaque jour ! La solidarité, la mutualité sont enseignées aux jeunes gens. « La France s'ennuie », a-t-on dit ; grâce aux « Petites A. », cela devient faux. Au village, elles empêchent la monotonie de la vie campagnarde et partout, par les cours de préparation militaire et de gymnastique, elles procurent aux enfants les plus saines des distractions.

« J'ai visité, ajoute M. Edouard Petit, les écoles de Caen et j'y ai remarqué des initiatives que l'on devrait bien imiter. Ces cours d'apprentis, par exemple, créés à l'Ecole primaire supérieure, constituent une tentative d'éducation populaire très heureuse, qu'il convient d'encourager, car c'est justement la mise en pratique de la réforme réclamée par certains de nos législateurs. »

Puis l'éminent Inspecteur général, en constatant avec joie l'essor que prennent les patronages laïques dans la ville de Caen, rappelle en passant tout l'intérêt que les jeunes filles auraient à lire les œuvres de l'incomparable vulgarisateur que fut Jean Macé.

M. Edouard Petit termine en souhaitant le large retentissement des travaux du Congrès pour le développement toujours plus grand des Petites A. et des œuvres postscolaires.

Des applaudissements prolongés prouvent à l'orateur combien sa parole alerte, vive et bien française a été goûtée par les Congressistes présents.

Une brillante audition de la *Cæcilia*, chorale postscolaire, a clôturé cette belle réunion, qui inaugura d'une façon si heureuse le Congrès des Petites A.

Ouverture du Congrès

(Samedi 3 Mai)

Le samedi 3 mai, à 9 heures précises, en présence de MM. Grand, Inspecteur d'Académie, Léon Robelin, Secrétaire général de la Ligue ; Ferdinand Dreyfus, Gers, Bordier, membres du Conseil général de la Ligue ; Meunier, Directeur de l'E. P. S., Secrétaire du Congrès ; Toussaint, Directeur d'Ecole normale ; un grand nombre d'Inspecteurs primaires ; Mmes Cabouat, Raphaël, Weill, Mlles Moniez, Perrotte, Schreck, Directrice de l'Ecole normale, et devant une assemblée encore plus nombreuse que la veille, M. Edouard Petit, ouvrit officiellement le Congrès au nom de M. le Ministre de l'Instruction publique.

Dans une charmante allocution, il excuse M. Jules Cabouat retenu à la Faculté par ses obligations professionnelles ; puis il caractérise les Congrès régionaux des Petites A., qui sont une réponse nécessaire aux Congrès diocésains ; il retrace à grands traits l'œuvre post-scolaire accomplie en Normandie, signale la recrudescence générale des cours d'adultes motivée par l'examen des conscrits, précise les points à discuter au Congrès, met aux voix les noms des présidents de Commissions : MM. Grand, Inspecteur d'Académie (1re Commission) ; Boulan, Inspecteur primaire à Cherbourg (2e) ; Beaufils, Inspecteur primaire à Rouen (3e) ; Mlle Schreck, Directrice de l'Ecole normale d'institutrices de Caen (4°).

Adresse au Président de la République

Enfin, *à l'unanimité et par acclamation, le Congrès, sur la proposition de M. Edouard Petit, vote à M. Raymond Poincaré une adresse affirmant au Président de la République le loyalisme républicain des Congressistes et leur attachement à sa personne.*

Séances des Commissions

1re Commission

Les « Petites A. » et la seconde instruction, Cours
d'adultes, d'apprentissage, etc.

Président : M. GRAND, Inspecteur d'Académie du Calvados ; *Secrétaire* : M. LE MARCHAND, Directeur d'École publique, à Caen ; *Rapporteur* : M. BALLAND, Inspecteur primaire, à Caen.

M. Balland donne lecture de son rapport :

MESDAMES, MESSIEURS,

La question soumise à votre examen n'est pas neuve ; elle a été étudiée déjà dans maints Congrès ; mais elle est toujours d'actualité, et elle le sera jusqu'à ce qu'elle soit résolue, ce qui demandera sans doute quelque temps encore. Elle préoccupe toujours d'ailleurs tous ceux qui, par profession ou par dévouement à l'intérêt public, s'intéressent à l'Éducation nationale. Je n'en retiendrai pour preuve aujourd'hui que les nombreux mémoires qui, malgré le peu de temps dont disposaient leurs auteurs, nous ont été envoyés. Tous ces mémoires, rédigés par des instituteurs, des professeurs, des inspecteurs, des membres d'associations amicales, présentent le plus grand intérêt. Sans établir de comparaison, je dois dire pourtant que ces derniers nous ont plu tout particulièrement par leur valeur d'abord, ensuite et surtout parce qu'ils confirment cette vérité, à laquelle il faut nous attacher de plus en plus fortement, et qu'il faut répandre de plus en plus universellement, à savoir que l'éducation n'est pas uniquement l'affaire des gens de métier, mais que, dans une démocratie qui est et veut demeurer libre et maîtresse de ses destinées, elle est la chose de tous.

Malheureusement, le temps qui était ménagé aux rédacteurs de Mémoires, l'était plus encore à votre Rapporteur, à qui ne furent laissés que bien peu de jours pour lire ces intéressants travaux, et s'efforcer d'en extraire l'essentiel. Je me dois donc excuser si quelques-unes des idées, pourtant si clairement exposées, m'ont échappé, et en demander pardon aux auteurs, qui du reste voudront bien, s'ils sont ici, compléter par la discussion ce qui ne peut que manquer forcément à ce Rapport.

Sans être définie dans aucun mémoire, la seconde instruction ou éducation, (il m'arrivera de mettre l'un ou l'autre mot, comme beaucoup le font), apparaît bien nettement déterminée, et dans ce qu'elle est, et dans ce qu'elle devrait être, si la première ne présentait pas la déplorable lacune que l'inapplication de la loi du 28 mars 1882, et nos mœurs, trop lâches en ce point, laissent malheureusement subsister. En effet, cette seconde instruction, qui devrait être la continuation naturelle et logique, le développement de la première, aidant l'enfant dans son évolution, dans sa transformation pour devenir un homme, un citoyen, un artisan éclairé de la force et de la prospérité nationale, doit trop souvent la remplacer, et presque toujours la compléter simplement. Restant la même dans son principe et pour le but à atteindre, elle devrait être tout à fait autre dans ses moyens et dans ses méthodes. La seconde instruction se donnant à des adultes, dont l'esprit est formé, devrait consister en cours proprement dits, causeries, conférences, conversations, exercices pratiques ; presque toujours elle ne se donne que sous forme d'exercices scolaires, devoirs de français ou de calcul, lectures dans des manuels, les élèves n'étant pas assez instruits, assez développés intellectuellement pour que l'autre méthode puisse être employée. Il en résulte que la nécessité de la seconde instruction, dont personne parmi nous ne doute, est rendue bien inférieure encore. Si notre expérience personnelle ne nous fournissait en nombre plus que suffisant les exemples à l'appui de cette vérité, les auteurs des mémoires produits citent assez de faits pour cela. Aussi la plupart d'entre eux concluent-ils à l'obligation de l'enseignement post-scolaire. Non pas tous toutefois. Il en est un groupe qui, je crois, n'y a pas songé, — j'en parlerai plus loin, — et un Instituteur nie l'utilité des cours d'adultes, car c'est sous la forme des cours d'adultes surtout qu'apparaît à tous la seconde instruction, et c'est bien aussi, je crois, la principale, du moins en l'état actuel. « La fréquentation du cours d'adultes, dit-il, est difficile dans les campagnes, ils y rencontrent tant d'hostilité, — et d'ailleurs le nombre des illettrés est presque nul dans nos communes ». En lisant ces derniers mots, mon cœur d'Inspecteur et d'examinateur des recrues s'est épanoui. Malheureusement il n'en est pas ainsi partout. Je dois ajouter que notre auteur demande que la loi du 28 mars soit modifiée, que l'obligation scolaire soit reculée à 14 ans, et que, même après cet âge, l'enfant ne soit pas abandonné. L'Amicale, les sociétés de tir et autres, les conférences lui fourniraient le complément d'instruction dont il a encore besoin. Si l'obligation scolaire était appliquée, et si vraiment le nombre des illettrés, — et il faudrait encore s'entendre sur la compréhension de ce mot, — était presque nul, le système se rapprocherait assez de ce que j'ai dit déjà que devrait être la seconde instruction. Mais il n'en est pas ainsi, et le cours d'adultes sera encore longtemps nécessaire. Volontiers je le demanderais obligatoire. Du moins comme le demandent la plupart des vœux qui nous sont soumis, je demanderai l'obligation de la seconde instruction. On invoque dans un mémoire à l'appui de cette obligation l'exemple de monarchies voisines ; on eût pu, et je le ferai de préférence, invoquer celui de la Suisse, qui n'est pas en monarchie, et où, il y a plus de 30 ans déjà, l'obligation scolaire existe dans certains cantons, avec des modalités différentes, jusqu'à 18 ans.

Sans doute, à cette loi d'obligation nouvelle il faudrait des sanctions ; or celles de la loi de 1882 sont si généralement inappliquées qu'il y a lieu de craindre le même sort pour une nouvelle loi plus gênante encore, et plus en contradiction avec nos mœurs. C'est qu'aussi ces lois sociales sont d'une application bien délicate ; elles ne devraient venir, si je puis m'exprimer ainsi, que lorsqu'elles seraient inutiles, c'est-à-dire lorsque le principe aurait tellement pénétré les mœurs que les récalcitrants ne seraient plus qu'une minorité infime. Il faudrait aussi, à ce travail nouveau et obligatoire imposé aux instituteurs, attribuer un salaire et des compensations. Ces compensations, au lieu d'être données en bloc, sous forme d'une ou deux semaines de vacances supplémentaires, seraient beaucoup plus logiquement réparties, il me semble, — et c'est aussi l'avis de plusieurs de nos correspondants, — proportionnellement au temps même du travail supplémentaire, et en diminution de la durée de la classe du jour, ce qui aurait lieu en hiver, où la brièveté de la journée oblige déjà souvent à terminer avant 4 heures la séance du soir, ou à ne commencer qu'après 8 heures, et même 8 heures ½, celle du matin. Car les cours d'adultes, quoi qu'en dise l'auteur d'un des mémoires, ne peuvent avoir lieu qu'en hiver ; en été, le travail quotidien dure trop longtemps et est trop fatigant. Tout cela, sanctions, salaire et compensations, est si naturel qu'il n'est peut-être pas nécessaire d'en faire l'objet d'un vœu ni même d'allonger d'un paragraphe le vœu relatif à l'obligation.

Je n'ai parlé jusqu'ici que des cours d'adultes, qui font d'ailleurs l'objet principal des mémoires envoyés. On parle beaucoup moins des conférences, qui ne sont plus guère qu'un accessoire du cours. La Conférence publique ou populaire, avec ou sans projections apparaît comme ne rendant pas tous les services qu'on en espérait au début, et elle a perdu beaucoup de son attrait auprès des populations. Une conférence unique, sur un sujet parfois vaste et complexe, si bien faite qu'elle soit, ne laisse que bien peu de traces sur des esprits trop souvent mal préparés, et inhabiles à suivre la pensée de l'orateur, d'autant mieux que celui-ci, pressé par le temps, est forcé de la resserrer, de la condenser parfois beaucoup. Non que la conférence soit, ou doive être complètement abandonnée ; il est bon au contraire qu'elle soit conservée, réduite à un petit nombre chaque année, faite par de véritables conférenciers, et remplacée quant au reste par une sorte de « cours », la « conférence en série », pour employer l'expression de l'un de nos amis les plus dévoués, c'est-à-dire une série de 4 à 6 causeries simples sur une question historique, géographique, littéraire ou scientifique, suivie d'un résumé, une vue d'ensemble, pouvant donner lieu à une discussion ou du moins à une causerie générale. Les auditeurs, qui naturellement seraient ceux du Cours d'adultes, puisque ce serait en somme cela le cours, apporteraient leurs observations, leurs réflexions, leurs demandes d'explications complémentaires, par où le conférencier verrait s'il a été compris, ou ce qu'il lui faudrait faire pour l'être mieux une autre fois. C'est ainsi que se devrait faire l'instruction seconde proprement dite, si la première était parfaite ; c'est à peu près ainsi qu'elle se fait, au moins en quelques endroits. Et le résumé est polycopié ou imprimé, et remis aux auditeurs, qui gardent ainsi une trace matérielle du travail fait pour eux et avec eux.

La seconde instruction ou éducation se continuera par l'Association, quel qu'en soit le but, licite bien entendu. Tout ce qui rapproche l'homme de l'homme et le fait agir honnêtement et loyalement de concert est moralisateur. Au premier rang de ces Associations, il nous faut placer les sociétés de tir, dont quelques-uns ont parlé dans leurs mémoires ; l'un d'eux y a même consacré le sien tout entier, dans un esprit éminemment pratique. Ces sociétés ayant pour objet la préparation à la défense de la Patrie rentrent tout naturellement dans le cadre de l'éducation et de l'instruction scolaire et post-scolaire.

Les sociétés de tempérance, de protection des oiseaux et des animaux utiles, les orphéons et les chorales, les jeux, en un mot tout ce qui pourra grouper les jeunes gens autour de leur école, leur faire prolonger, jusqu'à l'entrée véritable dans la vie, la camaraderie et les amitiés de leur enfance, contribuera à leur éducation. Mais je ne crois pas qu'il y ait à émettre un vœu à ce sujet, sinon en l'adressant à nous-mêmes et à nos amis, et qui serait de nous donner tout entiers à cette partie comme à toute l'œuvre de l'éducation, et de multiplier ces sociétés, si modestes qu'elles soient, jusqu'à l'infini, comme disait un mathématicien.

Jusqu'à présent il ne s'est agi encore que de l'Ecole, et de ce que pendant longtemps on a considéré comme constituant toute l'instruction ou l'éducation, que l'on a appelée ensuite l'éducation morale, et qui, en fait, ne constitue que la moitié de l'éducation véritable. Il me reste à parler de la partie professionnelle, de l'apprentissage. Aussi bien manquerais-je à ma tâche de rapporteur, si je ne le faisais pas ; plusieurs mémoires en parlent longuement, l'un y est consacré tout entier. Ce mémoire, qui a pour titre « *l'apprentissage* », est divisé en 4 paragraphes également significatifs : 1º L'apprentissage officiel ; 2º la Crise de l'apprentissage ; 3º l'Industrie et la Science ; 4º l'Atelier et l'Ecole. Ah ! l'auteur n'est pas tendre pour l'apprentissage officiel et les Ecoles spéciales ! « On a rencontré de bons élèves coiffeurs qui faisaient des filets de pêche. On a noté que les fleuristes, l'apprentissage de l'école fini, sont obligées de le recommencer presque aussi long à l'atelier. » — « L'enseignement, même manuel, sera trop théorique à l'école, l'outillage sera incomplet ou démodé ; le passage enfin d'une industrie fermée et factice à l'industrie vraie ne se fera pas sans douleur et sans risques. » Et pourtant « il y aurait intérêt à vulgariser l'enseignement technique (je cite toujours), au lieu de le confiner dans des écoles spéciales, qui ne peuvent être fréquentées que par une infime minorité appartenant d'ailleurs aux classes moyennes. » Il y a du vrai dans ces critiques, comme aussi et surtout dans les conclusions que je vous ferai connaître, mais après vous avoir cité cette phrase encore, qui commence le 4e paragraphe et qui les contient d'ailleurs : « La logique nous impose donc tout simplement l'association de l'Ecole et de la mine, de l'Ecole et du chantier, de l'Ecole et de l'usine. » Conclusions : « L'enseignement technique ne doit pas être isolé dans des écoles théoriques. Il faut se pénétrer du principe que la science et le travail unis dans la nature ne doivent pas être séparés dans l'éducation. Il faut donner à l'Ecole une éducation scientifique bien graduée, bien classée, et complétée en même temps par un enseignement pratique. »

Ce sont ces idées, ainsi formulées en axiomes, que l'on applique en somme, ou à bien peu de chose près, dans les cours d'apprentis organisés en beaucoup d'endroits, et notamment à l'Ecole primaire supérieure de Caen. Les jeunes élèves sont de vrais apprentis, travaillant à l'atelier, et deux ou trois fois la semaine, sur leurs heures de travail, le patron leur en donne une ou deux pour aller suivre des cours de sciences, de mathématiques, de dessin, voire de morale, d'histoire ou de géographie. Ou bien, le jeudi, des enfants de nos Ecoles élémentaires vont aux ateliers de l'Ecole supérieure s'exercer sous la direction de maîtres-ouvriers au maniement des outils dont ils auront à se servir, ou à la connaissance des matières qu'ils auront à ouvrer plus tard. Ceux-ci ne sont encore que des apprentis-apprentis, mais ils commencent déjà leur instruction professionnelle. Je vous proposerai d'émettre un vœu pour que cette institution soit favorisée et se répande de plus en plus.

Cette institution des cours d'apprentis n'est pas spéciale à Caen, et j'en trouve mention dans deux ou trois mémoires, de ceux auxquels je faisais allusion au début de ce rapport, trop long déjà, ce dont je m'excuse, mais qu'il me faut allonger encore, sous peine de ne parler que d'une partie de la question. Car si j'ai parlé de la seconde instruction, je n'ai encore rien dit, ou presque, des rapports de cette seconde instruction avec les Amicales ; et la question est : Les Petites A et la seconde instruction. Ces rapports sont admirablement établis, à mon sens, dans un Mémoire que nous a adressé l'Amicale de Barentin-Ville. — Malgré la résolution que je m'étais imposée de ne pas indiquer la provenance des mémoires, ne pouvant le faire pour tous, je ne puis résister à la tentation de le faire pour celui-ci et un ou deux autres, venus de la même région, et qui présentent un intérêt tout spécial. Si je ne craignais d'abuser outrageusement de votre patience, je vous demanderais la permission de vous lire ce mémoire ; je vais essayer au moins de le résumer :

« La tâche de diriger les leçons et causeries, qui a incombé jusqu'ici aux instituteurs, leur a été ou va leur être retirée, au moins en partie ; mais où trouver des maîtres, où trouver des fonds ? Les Amicales vivantes se dressent en face de ces difficultés ; elles sont appelées à seconder les instituteurs dans l'organisation des cours d'adultes. *Ceux-ci devraient être faits sous forme d'École mutuelle.* Dans toute assemblée d'anciens élèves, il y a des jeunes gens de différents métiers. Celui qui sait bien une chose, l'enseigne aux autres ; c'est simple et pratique. « Il n'est tel que les braves gens pour trouver que tout est simple ». Et l'Amicale fera appel à toutes les bonnes volontés : patrons, contre-maîtres, ouvriers ; et les sujets seront adaptés au milieu. Un contre-maître de filature mettra le jeune ouvrier au courant de la provenance des matières premières qu'il transforme, des conséquences de la hausse et de la baisse des prix, etc. ; un camarade travaillant à la papeterie expliquera la fabrication du papier, l'employé de chemin de fer donnera d'utiles indications sur la manière de faire enregistrer un colis, d'adresser une expédition ou une réclamation, toutes choses courantes, qui, malgré leur simplicité, laissent dans l'embarras quiconque n'y a pas été initié. Tout amicaliste en un mot peut devenir professeur, renseigner les autres sur ce qu'il fait ou voit faire. Au besoin la Société se chargera de recruter des conférenciers, demandera au Médecin de parler sur les premiers soins en cas d'accident, sur l'alcoolisme, la tuberculose, au Secrétaire de la Mairie, d'exposer le mécanisme des retraites ouvrières ».

Et ces gens de dévouement sont naturellement des gens de foi, et ne doutent pas que « les cours d'adultes, dirigés par les Amicales vers l'enseignement technique, porteront remède à la crise de l'apprentissage. » Je crois pour moi qu'ainsi compris ils seraient à tout le moins un sérieux palliatif. « Un bon cours d'adultes, disent-ils ensuite, deviendrait une excellente école de vocation en guidant la jeunesse vers la voie qui lui conviendrait le mieux. » Il diminuera ainsi les misères matérielles et morales, « l'indigence des parents obligeant souvent l'adolescent à s'engager dans une carrière qui n'était pas celle de son goût. » — « Il faut donc que dans le cours du soir des hommes de différents métiers viennent dire aux jeunes ce qu'ils sont, ce qu'ils ont fait et ce qu'il faut faire pour arriver à un but, mais aussi quel tempérament, quel caractère, quelles conditions de santé sont nécessaires pour y parvenir. Ce sera de la fraternité. » Et l'Amicale deviendra un Patronage, servant d'intermédiaire entre les employés et les employeurs amis de l'Ecole laïque, moins rares qu'on ne le croit souvent : il faudrait seulement se connaître mieux. Au surplus, l'enseignement proprement dit n'est pas négligé, et là est et sera toujours la part des instituteurs. Les élèves sont classés en 4 sections : les illettrés ; ceux qui n'ont pas le certificat d'études, et qui forment un cours élémentaire ; un cours moyen pour les plus avancés ; enfin un cours de dessin industriel, appliqué à la menuiserie, la mécanique et la charpente. (Ce dernier cours est professé par un contre-maître d'une filature de lin.) Le mémoire ne conclut pas à l'obligation. Avec une organisation comme celle-là et les dévouements qu'elle suppose, il n'en est pas besoin. Un autre Mémoire exposant une organisation identique, (il vient du reste de Barentin-Vallée), repousse même cette obligation.

En ajoutant aux cours ainsi organisés des soirées populaires comme l'indique l'auteur de ce second mémoire, et, j'ajouterai, des excursions, des jeux de plein air, des exercices de tir, de gymnastique, voilà quel peut être et doit être, et est, au moins quelquefois, sinon toujours le rôle de l'Amicale dans la seconde instruction. Si ce rôle pouvait être étendu, généralisé, il nous dispenserait fort heureusement de la nécessité d'émettre un vœu concernant l'obligation de l'instruction post-scolaire ; mais cela n'est pas. La plupart des communes sont trop petites et l'Ecole a trop peu d'élèves pour avoir jamais une Amicale assez puissante pour remplir ce rôle. Beaucoup même de nos communes rurales n'auraient que fort difficilement des Amicales. On pourrait alors se grouper, faire des Amicales de canton, (l'Ecole laïque du village voisin est sœur de celle de notre village) ; on pourrait faire des fédérations d'Amicales, des Unions post-scolaires, comme l'a essayé un Inspecteur d'Académie. Le peu de succès qu'il a eu, et que nous déplorons avec lui n'est pas fait pour encourager, mais non plus pour décourager. Ce n'est pas d'aujourd'hui qu'un premier essai échoue et même un second et un troisième, puisqu'un quatrième réussit, et est le point de départ d'un mouvement fécond.

D'autres institutions, au reste, peuvent jouer ce même rôle, ou à peu près, les Patronages, par exemple, et j'en sais qui le font fort bien. Je citerai aussi une « Société populaire d'études diverses », existant depuis 30 ans à Sotteville-lès-Rouen, qui a fusionné il y a 10 ans avec l'Amicale des Ecoles laïques et est devenue ainsi un vrai patronage. Elle aussi a créé une organisation que je regrette de ne pouvoir vous exposer et qui est très sensiblement d'ailleurs conforme à ce que je viens de dire. Elle a même créé un Musée en plus. Il y a enfin les Délégations cantonales. Un de nos correspondants signale même les associations politiques, les syndicats professionnels, les Mutualités scolaires, etc. Sans doute ces institutions peuvent nous aider, mais leur caractère spécial et leur but bien déterminé, leur objet propre suffisent à absorber la plus grande part de leur activité et ne peuvent en faire des agents vraiment importants de l'œuvre qui nous occupe aujourd'hui. Il n'en est pas de même des Délégations cantonales, et j'en citerai, sans les nommer, quelques-unes qui s'occupent fort intelligemment de cette tâche : l'une, une Fédération même, qui crée des concours et des prix pour encourager l'enseignement préparatoire à l'apprentissage ; une autre, qui a organisé une Caisse cantonale des Ecoles, dont le Conseil d'administration « organisera une bibliothèque scolaire cantonale roulante ; favo-« risera la création de l'Œuvre du Trousseau pour les jeunes filles ; « organisera des conférences et des causeries ; encouragera les « cours d'adultes. » Une 3ᵉ enfin, et qui nous touche de près personnellement, a fait établir un programme pour cours d'adultes. Ce programme a un caractère pratique en ce sens qu'une large place est faite à l'agriculture, dans un canton essentiellement agricole. Il est réparti sur trois années, et un livret de scolarité est remis à chaque élève, permettant de le suivre pendant le cycle des trois années à la fin de chacune desquelles des encouragements et des récompenses sont distribuées.

Voilà, résumées aussi exactement et simplement qu'il m'a été possible de le faire, les idées principales que j'ai trouvées dans les mémoires qui m'ont été remis. Je n'y ai à peu près rien ajouté, et n'ai guère retranché que ce qui eût fait répétition. A vous de nous dire maintenant ce que vous pensez sur cette question si importante de la seconde instruction, et de vous prononcer sur les vœux suivants, annoncés dans le courant du rapport, et que j'ai l'honneur de vous soumettre comme conclusion :

La 1ʳᵉ Commission du Congrès des Petites A. laïques de l'Académie de Caen, réunie à Caen les 4 et 5 mai 1913 :

I°

Considérant que, même appliquée intégralement, la loi du 28 mars 1882 serait insuffisante pour assurer l'instruction complète du jeune homme qui quitte l'École à peine au sortir de l'enfance, et qu'il y a lieu d'organiser l'instruction post-scolaire, ou seconde instruction ;

Considérant que malgré le zèle de leurs membres, et le développement qu'elles ont pris, les Petites A, même unies aux patronages, et avec le concours des Délégations cantonales, ne peuvent suffire partout à organiser cet enseignement ;

Emet le vœu que le législateur, après avoir pris, d'urgence, les mesures nécessaires pour que l'obligation scolaire devienne une réalité, vote l'obligation de l'instruction post-scolaire, ou seconde instruction.

II°

Considérant que les Petites A, partout où elles existent, favorisent ou facilitent considérablement le succès de l'instruction post-scolaire ;

Considérant que même avec l'obligation post-scolaire, la collaboration des Petites A. restera extrêmement précieuse ;

Emet le vœu que des Petites A. soient créées partout où il sera possible, et pour cela, que le législateur étudie les moyens de leur donner des facilités et des encouragements, notamment en leur accordant la personnalité civile.

III°

Considérant que l'éducation comprend non seulement l'instruction proprement dite, mais aussi l'apprentissage rationnel et méthodique du métier ;

Considérant que cet aprentissage, s'il se fait surtout à l'atelier, comporte aussi une partie scientifique qui ne peut se donner que par des cours ;

Considérant que ces cours font partie du travail d'apprentissage ;

Emet le vœu que le législateur édicte les mesures nécessaires pour que les apprentis puissent suivre des cours techniques organisés pour eux, et que le temps consacré à ces cours compte dans le total de leurs heures de travail légal.

J'ai cru devoir me borner à ces trois vœux, non que je croie qu'ils soient les seuls sur lesquels vous puissiez vous prononcer, mais parce qu'il faut se borner. Et ces vœux s'adressent au législateur ou aux pouvoirs publics ; quant à ceux qui, comme je le dis plus haut, s'adresseraient à nous-mêmes ou à nos amis, je n'en vois guère l'utilité ; aux hommes de bonne volonté il suffit d'indiquer ce qui se fait ou ce que l'on croit possible de faire; ils essaieront, et ils réussiront, j'en ai le ferme espoir.

Après une discussion intéressante à laquelle ont pris part notamment MM. Fouquet, Grand et Balland, les vœux suivants ont été adoptés :

1° *Que le législateur, tout en prenant d'urgence les mesures nécessaires pour que l'obligation scolaire devienne une réalité, vote l'obligation de l'instruction postscolaire ou seconde instruction.*

2° *Que les Petites A. soient créées partout où il sera possible et, pour cela, que des facilités et des encouragements leur soient donnés par les pouvoirs publics.*

3° *Que le législateur édicte les mesures voulues pour que les apprentis puissent suivre des cours techniques organisés pour eux et que le temps consacré à ces cours compte dans le total de leurs heures de travail légal.*

2ᵉ Commission

LES PETITES A. ET LES FÊTES ; SALLES SPÉCIALES ; MAISONS D'ADOLESCENCE.

Président : M. BOULAN, Inspecteur primaire à Cherbourg ; *Vice-président* : M. AIGNERAY, avocat, Président des Amis de l'Ecole laïque, à Cherbourg ; *Secrétaire* : M. RICHER, Directeur d'Ecole publique à Caen; *Rapporteur* : M. LESCOFFIER, Professeur au Lycée Malherbe.

M. Lescoffier a la parole :

MESSIEURS,

Les mémoires provoqués par ces questions ont été pour votre rapporteur la lecture la plus agréable et parfois la plus émouvante. Avec quelques-uns, il a révécu des années de tâtonnements, d'efforts, de lutte acharnée et d'espoir joyeux. De tous se dégage une impression générale de confiance, de certitude : les méthodes sont plus sûres, le succès grandit ; l'avenir est à nous.

Certains rappellent, non sans légitime fierté, d'humbles débuts : le patronage Jean-Macé de Caen, logé dans un hangar sur la terre battue ; l'A. de Montchamp faisant sous la direction de M. Madelaine de prudents et sûrs progrès, ou la difficile situation d'une institutrice comme Mme Jouis, de Bolbeuf près Rouen, qui doit demander leur adhésion aux ouvriers et leur argent à des bourgeois timorés.

Et si telle A., comme à Montfort-sur-Risle, est favorisée par une commune généreuse, nous sommes heureux de l'en féliciter.

LES FÊTES

Tous les rapports insistent naturellement sur l'absolue nécessité des fêtes. Dans les situations délicates, ce sera le principal moyen de succès. L'enfant entraînera la famille avec lui.

Comment assurer ces fêtes ? Pour M. Decaindry, chef de musique à Évrecy, d'après le rapport très vivant et nourri d'expérience qu'il nous adresse, il faut avant tout organiser une section musicale, une fanfare, une chorale. En quelques mois, il a obtenu à Évrecy les heureux résultats.

Il semble que ce soit aussi le cas de l'A. lyrique de St-Benoît et St-André-d'Hébertot, à en juger par le programme qu'on nous a transmis.

Dans la plupart des cas, on souhaite comme MM. Boissin et Bordet au nom de l'A. de l'école laïque rue Amiral-Courbet, au Havre, « qu'il soit créé dans chaque A. une section artistique et une société chorale. »

Sans doute, l'idéal serait de donner aux jeunes gens de ces groupes le plus d'initiative possible, de les habituer au « Self government » (M. G. de Guer). Il faut, dit Mme Jouis de Bolbeuf, près Rouen, laisser croire aux jeunes filles que l'initiative vient d'elles. Mais M. de Guer reconnaît lui-même que la chose est difficile et une ferme discipline a trouvé son défenseur dans M. Decaindry.

En tout cas, on veillera à ne pas encourager le cabotinage.

Pour les jeunes filles, on ajoutera aux divertissements la danse. (Rapport de Mme Jouis, Bolbeuf ; de Mme Camorte, école Saint-Laurent de Bimorel, Rouen).

Pour elles aussi, comme pour les jeunes gens, qui pourront apprendre le respect de la femme, on souhaite, — sous une surveillance prudente, — la coéducation. (Rapport de Mme Camorte, de MM. Boissin et Bordet, de M. Decaindry.)

Agréables et utiles sont les sociétés de gymnastique et de tir, comme à Caen, (Patronage Jean-Macé, qui a en outre une section de juniors), à Montfort-sur-Risle, à Montchamp (Calvados).

Plusieurs rapports signalent avec force la valeur éducative des réunions et des fêtes. Toute tenue médiocre ou banale doit être écartée, rien du café-concert, bien entendu. On peut provoquer une saine et large gaîté sans tomber dans la vulgarité. De nombreux chefs-d'œuvre littéraires et musicaux offrent des pages accessibles au public le plus fruste. Il y a d'ailleurs progrès en ce sens. Continuons donc. C'est le souhait que formulent Mme Camorte, M. de Guer, M. Decaindry.

Celui-ci propose même qu'on envoie les membres des A. lyriques entendre de bonne musique à Caen. On demanderait pour eux des places de faveur. Il serait désirable, ajoute-t-il, après entente avec M. le Directeur du Conservatoire, d'obtenir que des artistes de la ville viennent corser le programme des petites A. à la campagne.

Enfin, aux fêtes s'ajouteront les excursions, où il faut maintenir l'effort instructif. (Rapports de Mme Jouis, de M. de Guer.)

Voici le vœu concernant les fêtes ; à ce sujet, votre rapporteur s'est demandé s'il ne serait pas utile de créer un bulletin départemental ou académique qui donnerait aux petites A tous renseignements littéraires ou musicaux pour l'organisation des fêtes et des conférences :

« Le Congrès,

« Constatant les progrès déjà réalisés dans le choix des soirées littéraires et musicales destinées aux fêtes ;

« Emet le vœu que les petites A continuent, par un choix toujours plus sévère, à élever le niveau artistique et moral de leurs réunions. »

LES DROITS D'AUTEUR

Déjà le Congrès du Havre s'était ému de l'arbitraire et de l'exagération avec lesquels sont appliqués souvent les droits d'auteurs.

Cette année, le Président de la Société des Amis de l'École laïque du canton de Coutances se plaint à nous des sommes exagérées qu'il a dû payer lors d'une fête.

Pour parer à ces inconvénients dont nous avons tous souffert, nous pourrions émettre le vœu que les Amicales ou Patronages laïques soient déclarés d'utilité publique et considérés comme formant la suite légale de l'école ; qu'à ce titre, ils soient assimilés aux sociétés musicales reconnues et astreints seulement à un droit minime. Cet abonnement annuel serait fixé après entente avec la Société des auteurs et compositeurs. Ou plutôt, et c'est ce que nous propose M. G. de Guer, président du patronage Jean-Macé, à Caen, nous vous demanderons d'adresser au nom du Congrès une pétition aux deux Sociétés des Auteurs et Compositeurs dramatiques, 12, rue Henner, et des Compositeurs de musique, rue Chaptal, en demandant que les droits sur les soirées récréatives des A. et Patronages soient soumis non à un tarif variable, mais à un droit fixe de 5 francs au minimum et 10 francs au maximum, quel que soit le nombre et le choix des morceaux portés au programme.

SALLES SPÉCIALES. — MAISON D'ADOLESCENCE

Le Congrès du Hâvre avait déjà consacré à cette question les vœux suivants, que je cite pour mémoire :

19. Que les patronages soient établis, autant que possible en dehors de l'école, dans des locaux donnés par les municipalités, loués ou achetés par les promoteurs de l'œuvre.

20. Que partout où cela sera possible, il se constitue des sociétés civiles à parts sociales peu élevées, dans le but d'édifier la « Maison de l'Adolescence ».   (C. Rendu, p. 175.)

L'importance de cette question n'a échappé à personne et votre rapporteur a le plaisir de vous exposer les réponses très intéressantes qui lui sont parvenues.

Et d'abord il est bien certain que provisoirement, dans beaucoup de petites communes, et dans plus d'une grande, l'école sera le lieu de réunion indiqué, et qu'elle sera un abri suffisant, s'il est vrai que l'essentiel est d'agir immédiatement, avec les seuls moyens dont on dispose. On a fait, on fera encore dans les locaux de l'école d'excellente besogne.

Mais nos correspondants, tel M. G. de Guer, dans son remarquable rapport sur le Patronage Jean-Macé, nous rappellent que la situation d'un patronage ou d'une Petite A. installée à l'école ou dans les locaux de la municipalité peut devenir très précaire si une municipalité hostile arrive au pouvoir ; d'autres disent que malgré la meilleure volonté du monde, la cohabitation de l'école et de la Petite A. peut engendrer une gêne réciproque. Et enfin tous sont d'accord pour déclarer que si l'A. est chez elle et possède *sa mai-*

son, elle inspirera à la fois plus d'attachement à ses membres et plus de respect aux autres.

Il n'y a pas à en douter : pour toutes sortes de raisons matérielles et morales, la maison d'adolescence est un but où tous nous devons tendre.

Comment y arriver ?

Pour plus de clarté, nous parlerons : 1º du local lui-même et de sa disposition ; 2º des moyens financiers.

1º *Le local* :

Je ne puis mieux faire que de rappeler l'exemple si heureux et si remarqué que nous offre l'A. de St-Georges-du-Vièvre (Eure). Je voudrais pouvoir citer en entier le rapport de M. Châles ; redire la naissance de son projet, l'établissement des plans, la collaboration des jeunes gens de l'A. aux travaux. Je me bornerai à la description qu'en fait M. Châles :

« Une salle principale de 20 mètres de long sur 8 mètres de large ; 2 bas-côtés de 1 mètre de large formant des couloirs de dégagement ; la travée centrale large de 6 mètres, haute de 7 sous le faîte ; à l'extrémité sud, la scène, ayant 3 m. 50 de profondeur et communiquant par une double porte avec un bâtiment en planches qui sert de remise et de loge aux acteurs. Installation excellente, simple et pratique, et qui a fait ses preuves.

C'est le plan que reprendra le compétent M. Hubert, inspecteur primaire aux Andelys.

Même disposition générale : une grande salle avec bas-côtés. La partie centrale, la grande salle, (16 m. sur 7, avec la scène au fond), reste la salle de conférences et de concerts. Un des bas-côtés est aménagé, au moyen de cloisons mobiles, en deux salles de 8 m. sur 3 m. servant l'une de bibliothèque, l'autre de salle de jeu. Au dehors, sur un des côtés de l'édifice, un espace pourra être réservé pour l'aménagement d'un stand de tir réduit ; autour de l'édifice, un jardin entretenu par les membres de l'A.

2º Nous arrivons à la seconde question, la plus délicate : *par quels moyens financiers* réaliser l'entreprise.

M. Châles, à St-Georges-du-Vièvre, l'a résolue de la plus heureuse façon. Il l'a raconté pour le précédent Congrès : des 5.000 francs nécessaires à la construction de la salle, 1.000 furent assurés par des dons et une loterie ; 4.000 francs par des obligations de 25 francs, remboursables sans intérêt en 20 ans par voie de tirage au sort.

Les recettes de l'A. et en particulier le produit de la location de la salle (200 fr. en 1912) lui permettront d'achever dès 1914 le remboursement de la somme empruntée en 1904. Cet admirable résultat se passe de commentaires.

Faut-il généraliser un pareil exemple et croire un tel succès possible partout ? Parfois, une circonstance heureuse pourra être utilisée : à Ouilly-le-Vicomte (arrondissement de Lisieux), la vente des arbres d'une allée rapporta 6,000 francs et permit la construction d'une cantine scolaire.

En général, dit M. Châles, on ne peut guère compter sur les communes. Faut-il espérer davantage du département ? Deux fois le Conseil général de l'Eure a refusé une subvention ; la première fois, faute d'argent, la deuxième parce qu'il eût été dangereux de créer un précédent. Reste l'Etat, qui évidemment doit soutenir les Petites A. dans leur œuvre d'éducation. Mais le crédit du Ministère pour subventions aux œuvres post-scolaires ne donne lieu qu'à une poussière de subventions : à St-Georges-du-Vièvre, 75 fr. sur 6.000 de dépenses.

Restent les fonds provenant du prélèvement sur les jeux : (loi du 15 juin 1907 et circulaire ministérielle du 5 janvier 1910). Ils peuvent être affectés aux œuvres d'utilité sociale poursuivies par une collectivité. Peut-être y a-t-il à craindre qu'on ne restreigne ces subventions aux œuvres d'assistance et de bienfaisance. Les défenseurs des Petites A devraient alors obtenir qu'on les étende aux œuvres d'assistance morale. Il est vrai que la circulaire ministérielle refuse de subventionner les œuvres déjà exécutées ou de rembourser les travaux payés. M. Châles répond qu'on devrait néanmoins le faire si la société n'a pas de dettes et si la subvention ne dépasse pas un cinquième des dépenses.

Prennent part successivement à la discussion : MM. Jouet, instituteur à Quettehou (Manche) ; Lécuyer, instituteur à Villedieu (Manche) ; Noël, instituteur à Cherbourg ; Guerlin de Guer, président du patronage Jean-Macé ; Richer, directeur d'école ; Decaindry, à Evrecy.

Sont adoptés à l'unanimité les vœux suivants :

1° Le Congrès,

Heureux de constater les progrès déjà réalisés dans le choix des œuvres littéraires et musicales destinées aux fêtes post-scolaires, émet le vœu que les Petites A. continuent à élever le niveau artistique et moral de leurs réunions ;

2° Qu'une pétition soit adressée aux Sociétés des auteurs lyriques et dramatiques pour obtenir que les Petites A. soient assimilées aux Sociétés musicales auxquelles il n'est réclamé pour leurs fêtes qu'un droit réduit ;

3° Que, sur la seule autorisation préfectorale, les Petites A.

et Patronages d'école publique puissent toujours faire usage des locaux scolaires pour les œuvres complémentaires de l'école ;

Rappel d'un vœu émis par le Congrès de Honfleur en 1907 :

Le Congrès émet le vœu que, dans tout projet de construction scolaire, il soit désormais prévu une salle destinée au fonctionnement des œuvres postscolaires.

3ᵉ Commission

Les « Petites A » et l'Éducation physique.

Président : M. BEAUFILS, Inspecteur primaire à Rouen ;
Vice-président : M. HUNEL, Inspecteur primaire à Pont-l'Évêque ;
Rapporteur : M. PAIN, Directeur d'École publique à Caen.

MESDAMES, MESSIEURS,

Sur le sujet proposé : les *Petites A* et l'*Éducation physique* (jeux, sports, terrains de jeux, préparation militaire), la 3ᵉ Commission a reçu de nombreux et substantiels rapports, dont je m'efforcerai de mettre en lumière les idées dominantes.

Je veux, auparavant, présenter les sincères félicitations de la Commission aux auteurs de ces communications. De tels travaux ont singulièrement facilité ma tâche. (1)

I. GÉNÉRALITÉS. — CE QUE PEUVENT FAIRE LES « PETITES A. »

Tous les auteurs de mémoires sont unanimes à demander que l'éducation physique soit rendue effectivement obligatoire dans tous les établissements primaires et secondaires des deux sexes. Comme conséquence de cette obligation, il est à souhaiter que la responsabilité de l'État soit substituée à la responsabilité civile des chefs

---

(1) Voir plus loin : Pièces Annexes, la liste de toutes les communications et les noms de leurs auteurs.

d'établissement et des maîtres pendant les heures réglementaires ou statutaires consacrées à l'éducation physique.

Les cours d'éducation physique seront dirigés par des professeurs spéciaux, avec la collaboration des instituteurs et des personnes compétentes.

D'ailleurs, l'éducation physique doit commencer de très bonne heure ; dans la famille, par une hygiène rationnelle; dans l'*Ecole*, par un meilleur mobilier scolaire, des cours moins exiguës, un local spécial pour les jeux et la gymnastique, des récréations régulières et non diminuées par des retenues, des visites régulières de médecins spéciaux, rédigeant des fiches particulières à chaque enfant et constatant ses progrès et ses aptitudes physiques ; enfin dans les Petites A et autres sociétés d'adultes.

Les petites A. consacreront en effet une partie de leurs efforts à organiser des œuvres d'Education physique propres à donner aux jeunes gens les qualités de souplesse, de force, d'endurance nécessaires pour former de bons soldats. (Gymnastique éducative, marches, courses, cyclisme, tir, foot-ball, etc.)

Il est à désirer que les petites A. féminines ne perdent pas de vue la culture physique des jeunes filles, aussi importante que celle des garçons.

« La culture physique est indispensable à tous, mais particulièrement aux fillettes. Elles n'ont pas et ne peuvent avoir les jeux des garçons ; elles n'ont que des jeux à très faible dépense d'énergie ; par suite elles ont encore plus besoin d'exercices physiques que les garçons, surtout d'exercices rythmés. Sans cette ceinture de torture qu'on appelle le corset, sans appareils, sans fatigue, une demi-heure de travail par jour suffit pour leur donner santé, force, beauté. Elevons nos fillettes en les préparant au rôle élevé que la nature leur a dévolu et ne les condamnons pas à une existence maladive par le manque d'exercice. »

Les êtres anormaux semblent jusqu'ici exclus des exercices physiques. Nos correspondants ne les ont pas oubliés ; ils sont d'avis que les enfants débiles et anormaux soient envoyés dans des colonies de plein air ou des établissements éducatifs spéciaux.

Pour préparer l'opinion publique, loin encore d'être gagnée à la nécessité des exercices physiques, il conviendrait que des causeries, conférences, brochures, tracts, etc. préparent l'opinion publique aux exigences impérieuses de l'éducation physique.

Sur la question du groupement en un seul faisceau des activités post-scolaires, on demande, au lieu de laisser se constituer à côté d'elles des sociétés spéciales de tir, de sport ou de préparation militaire, que les Petites A. sachent prendre les initiatives nécessaires.

Enfin les Inspecteurs de l'Enseignement primaire doivent s'efforcer en toutes circonstances d'établir la liaison, d'une part entre les membres du Corps enseignant, et, d'autre part, les volontaires de l'éducation populaire laïque, notamment les Délégués cantonaux.

II. Jeux

Le nombre de jeux présentés sous ce titre est relativement restreint, ce qui s'explique par les points de ressemblance que ce chapitre présente avec ceux des sports et de la Préparation militaire.

Cependant, beaucoup de rapports donnent aux jeux un rôle considérable au point de vue physique.

« C'est par le jeu que se fait la plus grande partie de l'éducation de l'enfant dans tous les domaines. C'est la théorie du jeu éducatif développant l'activité sensorielle, l'activité motrice, l'activité intellectuelle. L'influence du jeu au point de vue de l'éducation de la volonté, du développement des sentiments moraux, familiaux et sociaux, est des plus importantes. Au point de vue sensoriel, les jeux ont une action que n'exerce aucunement la gymnastique. »

Il faut donc organiser des jeux nombreux, variés et par dessus tout *actifs*, parce qu'ils obligent à faire effort d'intelligence et de volonté.

Il importe que les cours de récréation soient spacieuses et que les anciens jeux, avec ou sans matériel, soient en honneur dans les écoles et pratiqués en plein air.

III. Sports

Sur ce sujet les rapports sont particulièrement documentés et presque tous demandent que les Petites A inscrivent à leur programme sportif la gymnastique, les marches, le saut, la course, le foot-ball, le tennis, l'aviron, la natation.

C'est surtout par les sports que les Petites A. sont appelées à jouer un rôle utile en disciplinant le goût sportif, en remplaçant l'acrobatie et l'athlétisme vulgaire par la vraie éducation physique :

« Les sports, la gymnastique sont une excellente école de volonté, de discipline et de solidarité. Il faut s'oublier entièrement et chasser toute vanité pour que réussisse un match de ballon; c'est un peu comme un chœur où chacun doit fondre sa voix dans l'ensemble et non dominer ses voisins. Les sports apprennent la camaraderie qui se traduit par des rapports francs, par l'obligeance mutuelle; ils font comprendre et aimer une discipline librement acceptée et que l'on s'impose volontairement ; or, c'est là une discipline plus féconde et plus propre à former des soldats consciencieux que la discipline tout extérieure, le plus souvent mal interprétée et que l'on ne subit qu'à regret parce qu'on n'en connaît pas les raisons. »

Quant au foot-ball, « c'est un exercice complet qui, en plus de la force (ne pas confondre avec la brutalité) exige encore de l'adresse, de la discipline volontaire, et développe les idées de solidarité : on joue non pour soi, mais pour l'équipe ».

A mesure que le jeune homme se fortifiera par la libre action de ses muscles, au grand air, « il sentira couler en lui-même une vie plus intense ; et plus il deviendra robuste, plus il acquerra la confiance en soi, le sang-froid, ces qualités qui, levant le danger, valent souvent mieux qu'un bras vigoureux et sont la forme la plus parfaite du courage... Ces jeunes gens par leurs qualités morales et physiques deviendront des hommes capables de courage et de responsabilité. »

Pour l'organisation des sports et leur réussite, on recommande l'union de plusieurs Petites A., en vue de former un groupe sportif, tel que l'Union sportive des Amicales, à Lisieux, et le « Sporting Club des Amicales », à Alençon.

Dans cette voie le Club Malherbe Caennais (C. M. C.) va encore plus loin ; il donne le bon exemple.

« Né au Lycée Malherbe de Caen, le C. M. C. lui est resté étroitement lié. Tous les lycéens font partie de droit du C. M. C., peuvent y pratiquer tous les sports athlétiques moyennant une somme peu élevée. Son terrain est largement ouvert aux élèves de l'Ecole Normale et de l'Ecole primaire supérieure. Tous les jeudis et souvent le dimanche, les équipes de ces Ecoles viennent s'y ébattre. On y laisse entrer librement tous les enfants et l'on peut voir tous les jeudis de nombreux groupes de bambins imiter leurs aînés. »

Désireux de voir les Enfants pratiquer les exercices de plein air, le C. M. C. organise tous les ans une sorte de Championnat de foot-ball dit « Coupe des Minimes » entre les scolaires n'ayant pas atteint l'âge de 15 ans.

Le C. M. C. veut faire plus encore pour l'éducation physique de la jeune génération ; ses membres s'offrent bien volontiers à faire profiter les jeunes de leur expérience sportive ; son Comité accepterait d'ouvrir son terrain de jeux aux adolescents des Petites A. de Caen.

Pour résumer et sanctionner ces communications très intéressantes, la Commission propose que les excursions, les courses, les exercices sportifs soient organisés entre les Petites A. ou les Ecoles voisines ; que les Petites A. inscrivent dans leurs statuts l'éducation physique et qu'elles forment des sections ou groupements sportifs afin de faciliter la pratique des sports à la jeunesse laïque ; que les Clubs sportifs soient de véritables écoles normales pour la formation de gens compétents dans la direction des jeux sportifs.

IV. Terrains de jeux

Nous venons de voir l'initiative prise par le C. M. C. Beaucoup de rapports témoignent que les Petites A. seraient heureuses d'initiatives semblables, car presque partout le grand obstacle au développement de l'Éducation physique c'est l'impossibilité matérielle ou financière où se trouvent les Petites A. d'avoir à leur disposition un terrain de jeux convenable.

« Mais, hélas ! dit l'Association amicale de Pavilly, le terrain idéal coûte cher pour nos petites bourses ! Il serait utile que de nombreux secours nous viennent non seulement de généreux bienfaiteurs de l'école laïque, mais encore des Pouvoirs publics. Il faudrait que les Municipalités, quelquefois hostiles, songent à la santé des jeunes gens. Il faudrait qu'elles oublient leur mentalité d'un autre âge pour penser à la terrible réalité : ces jeunes gens sont la France de demain, ce sont eux qui, au jour de la défense commune, iront au feu sans demander pour quel groupement politique ils se battent, n'ayant qu'une idée : la France est en danger, notre sang est nécessaire à sa défense, versons-le ! »

Et ce terrain de jeux, le meublerons-nous ? demande le même rapport. Un hangar, quelques bancs seront tout son mobilier, car son plus bel ornement sera la Petite A. tout entière avec les ébats de la jeunesse qui rit à la vie.

Voici sur ce chapitre les vœux que propose votre Commission : que là où il n'est pas possible d'utiliser les locaux et terrains militaires, il soit créé par les Petites A. avec le concours des Municipalités des terrains et un champ de tir ; que ces terrains soient à proximité, d'un accès facile et pourvus d'abris et de vestiaires ; que des terrains et des locaux convenablement aménagés soient mis à la disposition des écoles, des collèges et des Petites A. ainsi que des terrains accidentés pour courses et rallye-paper.

V. Gymnastique

La gymnastique rentrant dans la Préparation militaire, nous n'avons retenu que les vœux suivants qui s'y rattachent plus particulièrement. Votre Commission propose que toute méthode soit jugée bonne et adoptée quand elle permet de développer rationnellement les muscles, de fortifier les poumons, de régulariser le jeu des organes, d'accroître l'énergie, la volonté et le sang-froid ; — que cependant, à l'Ecole primaire, dans les Petites A., à l'Ecole Normale, l'Education physique se fasse d'après une méthode identique et progressive ; — que la gymnastique rationnelle et scientifique remplace l'ancienne gymnastique dont on conservera cependant quelques exercices indispensables ; — que les manuels édités par l'Administration de la Guerre soient vulgarisés et qu'un exemplaire soit adressé à chaque société et à chaque école ; — qu'il soit tenu, chaque année, dans une ville normande, un Festival de gymnastique exclusivement réservé aux Petites A.

VI. Tir et Préparation Militaire

Tous les rapports présentés se sont préoccupés de ce côté patriotique de l'Éducation physique.

« Au lieu d'attendre le séjour à la caserne pour former le soldat, commençons cette formation dès l'adolescence. Ce n'est pas impossible et nos Petites A. peuvent y contribuer efficacement.

« Qu'est-ce qu'un bon soldat ? Le « bon soldat » est constitué non seulement par des qualités essentiellement militaires (aptitude à évoluer, discipline du système musculaire, oubli de soi au profit de l'ensemble, connaissance de l'arme, justesse du tir, utilisation du terrain, etc.), mais encore par des qualités plus strictement physiques (souplesse, vigueur, endurance) et par des qualités morales (bonne volonté, présence d'esprit, initiative).

..... « Si de 15 à 20 ans, nos jeunes gens recevaient une préparation physique et morale, ils feraient bonne figure à la caserne où ils arriveraient déjà souples, vigoureux et résistants à la fatigue ; il ne serait plus, dès lors, nécessaire de passer plusieurs mois à les « dégrossir ». Sachant dans quel esprit il faut accepter le devoir militaire, de tels soldats accepteraient facilement la discipline nécessaire. Il resterait pour la caserne l'enseignement théorique exclusivement militaire, il resterait à faire, sur le terrain et dans des conditions plus rapprochées de la vie guerrière, l'application des qualités physiques et morales en partie acquises avant le régiment. »

Nous devons faire tous les efforts nécessaires pour donner à la caserne des recrues suffisamment préparées et entraînées.

A ce point de vue, nous avons été étonnés de ne voir traiter dans aucun rapport la question de l'équitation, sport cher, sans doute, mais la grande objection contre le service de deux ans est l'impossibilité, paraît-il, de former une excellente cavalerie pendant ce laps de temps.

M. Hunel résume ainsi le rôle des Petites A.

« L'endurance physique du soldat est au moins aussi précieuse que son adresse au feu. La jeunesse des Petites A. doit être fortement trempée par la pratique de la gymnastique, des jeux et des sports. »

La Commission vous soumet les vœux suivants : que le tir soit enseigné théoriquement et pratiquement, soit par l'instituteur, soit par d'anciens militaires compétents, membres de la Petite A. et qu'une large part soit faite à l'Enseignement du tir aux armes réglementaires ; que les communes soient tenues d'inscrire à leurs budgets l'acquisition et l'entretien d'un matériel de tir et de gymnastique à l'usage des Enfants des Ecoles ; qu'il soit créé dans chaque commune une section de préparation militaire ; que la préparation militaire soit entreprise non dans un esprit de chauvinisme, mais dans un but de défense nationale ; que la préparation militaire ne se borne pas aux exercices de tir, mais embrasse l'éducation physique tout entière (gymnastique, jeux, sports) ; que la préparation militaire et l'Education physique soient :

a) ébauchées dès l'Ecole primaire ;
b) continuées par la Petite A. locale ou intercommunale pour les futurs hommes de troupe ;
c) complétées par la société cantonale de préparation militaire pour les futurs gradés, caporaux et sous-officiers ;

Qu'aux trois périodes (13 à 15 — 15 à 16 — 17 à 20 ans) soient données une éducation physique et une préparation militaire différentes, progressives et correspondant aux facultés physiques de ces divers âges ; que le Gouvernement accorde dans les Ecoles de garçons une carabine à titre de prêt et des munitions comme aux S.A.G. ; qu'un champ de tir aux armes de guerre soit créé par canton et que le dimanche, à tour de rôle, les Petites A. aient accès aux stands militaires sous la surveillance des préposés de l'autorité militaire ; que les sociétés cantonales de préparation militaire soient largement dotées, sur le budget national, en prêts d'armes, en concessions de munitions et agrès de gymnastique ; que dans les localités où l'agglomération insuffisante ne permettrait pas de créer une section spéciale de préparation militaire, les jeunes gens se réunissent au chef-lieu de canton ou dans une commune centrale qui serait le siège d'une section cantonale, ou intercommunale de préparation militaire. Les membres composant la section se réuniraient le dimanche et l'autorité compétente mettrait à la disposition de la section les instructeurs militaires nécessaires ; que l'enseignement du tir soit encouragé par des concours fréquents à l'Ecole primaire et dans les Petites A. ; que le minimum pour obtenir un diplôme au Championnat annuel organisé par l'U. d. S. d. T. d. F., soit abaissé, comme autrefois, à 40 points au lieu de 42 ; que la clôture du Championnat de l'Union ne soit plus fixée au 15 mai, mais plus tard comme les années précédentes.

VII. Ressources financières des Petites A. pour l'éducation physique

Nous regrettons que ce point très important ait été négligé. Certes, il est bon de compter sur les subventions de la Commune, du Département ou de l'Etat, mais ne serait-il pas meilleur et plus sûr de songer à se créer des ressources certaines ?

C'est pourquoi nous proposons que des fêtes payantes soient organisées dans toutes les Petites A. pour leur créer des ressources et que les Loteries et Tombolas ayant le même but soient légalement autorisées; et qu'au prochain Congrès les ressources financières des Petites A. fassent l'objet d'une étude spéciale.

Avant la discussion des vœux, la parole est donnée à M. Potigny, Administrateur de la Marine, qui fait une très intéressante communication sur les colonies de vacances à Caen, sur leur fonctionnement, leurs résultats physiques et moraux et aussi sur les charges que comporte une institution de cette nature. Il sollicite le concours effectif des Petites A.

Des remerciement chaleureux sont adressés à M. Potigny par le président; puis celui-ci déclare ouverte la discussion des vœux.

Cette discussion, très animée, se prolonge jusqu'à midi, devant une salle comble, et finalement les vœux suivants sont adoptés :

1° *Que l'éducation physique soit rendue effectivement obligatoire dans tous les établissements primaires et secondaires des deux sexes ; que l'enseignement des écoles normales d'instituteurs et d'institutrices soit complété et orienté en vue du rôle que les maîtres auront à remplir pour l'éducation physique de leurs élèves, adolescents ou adultes ; que l'éducation physique soit inscrite au programme de toutes les Petites.A. masculines ou féminines, où des groupes sportifs seront constitués, et que l'on songe à créer des organisations spéciales pour les anormaux ;*

2° *Que la responsabilité de l'Etat soit substituée, à la responsabilité civile des chefs d'établissements, des maîtres et des sociétés pendant les heures réglementaires ou statutaires consacrées à l'éducation physique ;*

3° *Que des locaux et des terrains spéciaux soient, par le concours obligatoire des municipalités, mis à la disposition des « Petites A. » pour leurs jeux et exercices ;*

4° *Que l'éducation physique se fasse à l'école primaire, dans les « Petites A. » et les écoles normales, d'après une méthode scientifique, unique et progressive et que les manuels spéciaux soient vulgarisés par la concession ministérielle d'exemplaires à chaque école et à chaque société ;*

5° *Qu'il soit tenu, chaque année, à l'occasion du Congrès des Petites A., un festival d'éducation physique réservé aux Petites A. ;*

6° *Qu'il soit créé :*

a) *dans chaque commune (ou au moins dans chaque centre intercommunal) une section de préparation militaire avec la participation financière et obligatoire des communes pour les installations nécessaires et la participation de l'Etat par des concessions de munitions et d'agrès ;*

b) *au moins dans chaque canton, un champ de tir aux armes de guerre, largement doté, sur le budget national, en prêts d'armes, en concessions de munitions et en agrès de gymnastique ;*

c) *et que les Petites A. aient accès gratuitement le dimanche, à tour de rôle, aux stands militaires, sous la surveillance des préposés de l'autorité militaire.*

4ᵉ Commission

L'ENSEIGNEMENT MÉNAGER ET LES « PETITES A. » FÉMININES

Présidente : Mˡˡᵉ SCHRECK, Directrice de l'Ecole normale d'institutrices ; *Rapporteur* : Mᵐᵉ Bois, professeur à l'Ecole normale d'institutrices.

Mˡˡᵉ Schreck, Directrice de l'Ecole normale, ouvre la séance par une allocution où elle fait ressortir l'importance de toutes les questions postscolaires pour la jeune fille. Puis, parlant plus spécialement de la question de l'enseignement ménager, elle rend hommage aux résultats obtenus par les Œuvres du Trousseau. Et, non sans humour, elle fait allusion aux « vieilles armoires normandes » où l'on enserre le trousseau avec tant de soin. Elle voit aussi dans l'Œuvre du Trousseau un heureux moyen de ramener la jeune fille à l'école et le premier élément d'une Petite A.

Elle attend de tous ces efforts les résultats les meilleurs et donne la parole à Mme Bois pour la lecture de son rapport.

La question de l'Enseignement ménager a été, depuis presque vingt ans, une des *préoccupations constantes* de la Ligue de l'Enseignement, sous le patronage de laquelle se tient aujourd'hui le Congrès régional des Petites A. de Normandie.

Dès 1895, au Congrès de Bordeaux, cette question était mise à l'étude. Elle fut reprise successivement en 1897, à Reims, en 1901 dans notre ville même ; puis en 1907 à Besançon et en 1912 à Gérardmer. Les Congrès régionaux des Petites A., qui ont précédé le nôtre en Normandie, ceux de 1907 à Alençon et à Honfleur, ont étudié la question au point de vue pratique, dans ses rapports avec les Amicales féminines, ainsi que l'a fait en 1909 le Congrès national des Petites A., tenu au Hâvre. La propagation de l'Enseignement ménager apparaît *donc à tous comme étant de tout premier ordre.*

Pour se rendre compte de l'importance de cette question, il suffit du reste d'examiner la réalité de chaque jour. *En fait,* la plupart de nos anciennes élèves, quand elles se marient, *ignorent à peu près tout des choses du ménage.* Comment s'en étonner ? A la campagne, elles deviennent domestiques ou apprenties, dès leur sortie de l'école. Bien peu restent auprès de leur mère. A la ville, c'est bien pis encore. Petites mains ou trottins, employées de commerce ou sténo-dactylographes, nos anciennes élèves peuplent les ateliers, les magasins et les usines. Comment, dans ces conditions, s'initier à la science du ménage ? Le soir, fatiguée par un labeur souvent trop rude, la jeune fille se laisse gâter par une mère plus tendre que prévoyante, et ni l'une ni l'autre ne songent à l'avenir. Pourtant les jours passent et la jeune fille se marie. Qu'arrive-t-il alors ? Achats d'aliments et de vêtements, préparation à la fois hygiénique et économique des repas, comptabilité domestique, art de meubler avec goût un appartement, de raccommoder le linge et d'utiliser les habits usagés, soins à donner aux malades et aux enfants, tout lui est nouveau, tout lui est étranger. La jeune femme se trouve, sans aucune préparation, aux prises avec des difficultés dont il ne faut pas sourire, puisque l'enjeu n'est rien de moins que le bien-être et le bonheur de la famille. Alors interviennent les voisines, les bonnes amies, et c'est ainsi que se transmet de génération en génération le lourd héritage de la routine et des préjugés : on emprisonne encore pendant un temps prolongé de pauvres petits êtres dans le maillot séculaire ; il se trouve encore des mères pour soutenir que les parasites de la chevelure sont un témoignage de santé ou pour servir à leurs enfants le café additionné d'eau-de-vie de cidre ! — Ce sont les repas où la charcuterie remplace le plat chaud, moins coûteux cependant et plus sain, les achats ruineux chez la fruitière d'à-côté... Mais je m'en voudrais d'évoquer plus longtemps le long cortège de ces images attristantes. Au lieu d'être le doux abri, où chaque membre, enveloppé de chaude tendresse, goûte les heures paisibles qui réconfortent, la famille devient le champ de bataille où les intérêts se heurtent, où les reproches se mêlent aux cris, l'asile d'une heure que le père quitte en hâte pour le cabaret, le fils pour les distractions de la rue.

**

Et nous touchons ici, Mesdames, au point vital de la question : *répandre l'enseignement ménager, c'est en effet l'un des meilleurs moyens de lutter contre un mal* qui atteint, dans notre Normandie, les proportions d'un véritable fléau : je veux dire l'*alcoolisme*.

« Dans la commune où j'exerce, écrit dans son rapport Mme Leliepvre, directrice d'école à Barenton (Manche), sur une population de 2.100 habitants, 6 ou 7 hommes de 35 à 40 ans sont morts victimes de l'alcool depuis septembre 1912, c'est-à-dire pendant une période d'environ 6 mois. Dans la classe enfantine, quatre enfants, nés de parents alcooliques sont anormaux au point de vue de la parole et de l'intelligence », et Mme Leliepvre ajoute : « La meilleure manière de lutter contre l'alcoolisme est de préparer la jeune fille à son rôle de ménagère ». Nous ne pouvons que souscrire à ces paroles. Il s'agit, en effet, d'opposer à l'attrait du cabaret, de son zinc brillant et de ses alcools frelatés, celui plus puissant d'un intérieur clair et gai, d'une table propre et bien mise ; d'une soupe chaude et odorante. Le souvenir du bien-être familial donnera, le plus souvent, à l'ouvrier la force de résister aux tentations extérieures et aux sollicitations des camarades. De cela, Mesdames, vous êtes toutes intimement convaincues et il est inutile d'insister davantage.

**

Si répandre l'enseignement ménager est nécessaire pour lutter contre l'alcoolisme, *l'urgence de cet enseignement n'est pas moins grande* en ce qui concerne *l'hygiène pratique de la puériculture.* Je ne saurais mieux faire que de citer sur ce point les termes mêmes du mémoire de Mlle Duriez, porte-parole autorisé de l'Amicale, rue Beaumarchais, au Hâvre, présidente de l'Œuvre et directrice de l'école : « Il faut être à la tête d'une école importante, écrit Mlle Duriez, et en relations avec les mères de famille d'un quartier populeux pour apprécier la nécessité d'éclairer les esprits féminins sur la pratique de l'hygiène, la prophylaxie des maladies communes et sur l'hygiène infantile surtout. » — Et plus loin : « Les femmes seront d'autant plus utiles et capables de lutter contre les vieux errements, les anciennes habitudes, l'ignorance, les préjugés, les menées sombres, parfois dangereuses du charlatanisme qui, sous toutes les formes, viennent assiéger les malheureux qui souffrent, que leur éducation ménagère pratique aura été faite avec plus de soin. Combien de familles, en effet, ont à regretter d'avoir acheté tel ou tel remède et de l'avoir employé sans avis ; combien sont victimes de pratiques arriérées, qu'elles ont suivies sans discernement. Si nos jeunes filles sont instruites en hygiène et en puériculture, elles sauront, en cas d'accident ou de maladie subite, prendre les premières mesures avec intelligence et sang-froid, avec décision, sans perdre la tête, sans écouter les faux conseils qui causent parfois des dangers irréparables. Plus tard, devenues mères, elles élèveront leurs enfants en leur donnant des soins utiles, et elles triompheront ainsi des multiples maladies de l'enfance » Et Mlle Duriez demande, avec raison, que « l'hygiène soit enseignée sur des bases scientifiques, que la femme sache donner les premiers soins en attendant l'arrivée du médecin, qu'elle soit capable d'appliquer les ordonnances et de renseigner le docteur en garde-malade avertie, qu'elle soit enfin initiée à la puériculture. »

**

Mais *à qui demander de donner cet enseignement ?* dans l'état actuel des choses, *ce n'est pas à la mère de famille*, qui manque de temps le plus souvent et presque toujours de la patience et de la fermeté désirables. Au reste, vous le savez, Mesdames, la plupart des mamans de nos élèves sont ignorantes elles-mêmes ; elles pourraient, en s'acquittant de tout leur devoir, passer à leurs filles « le tour de main » quand elles le possèdent ; mais elles seraient impuissantes à former les ménagères éclairées que nous rêvons de voir se multiplier. La femme vraiment à la hauteur de sa mission est, en effet, celle qui comprend la raison des choses qu'elle fait, celle qui est capable d'initiative et qui sait tirer, de ressources modestes, le maximum possible de confort et de bien-être. Qui donc donnera cet enseignement méthodique et scientifique du ménage ?

Pour répondre à ce besoin, la *Belgique*, l'*Angleterre*, la *Suisse* et l'*Allemagne* ont créé des *écoles ménagères*, que fréquentent les jeunes filles de 12 à 14 ans. Dans le canton de Fribourg, par exemple, l'enseignement ménager est *obligatoire* pour toutes les jeunes filles de 13 à 15 ans. Il est donné, une fois par semaine, de 8 heures du matin à 4 heures ½ ou 6 heures du soir. Nous sommes, à cet égard, de beaucoup en retard sur les pays étrangers. Une dizaine de départements, en France, possèdent une école ménagère fixe ou ambulante, créée et entretenue par le Conseil général ou le Conseil municipal. Une section d'enseignement ménager, destinée à préparer des maîtresses capables de donner cet enseignement, a été fondée à Grignon, par décret du 14 mai 1912, mais n'est entrée en fonctionnement qu'au 15 juillet dernier. C'est là, comme vous le voyez, un commencement d'organisation, dont nous ne ressentons pas encore les bienfaits en Normandie. Mais une œuvre de cette nature ne pourrait qu'être favorablement accueillie par les Conseils généraux et en particulier par celui du Calvados, toujours si favorable aux questions relatives au bien-être social.

Et, jusqu'à ce que nous soyons au nombre des pays favorisés, c'est encore et toujours *sur l'institutrice et sur elle seule que nous pouvons compter.*

**

Il est d'abord *une première éducation ménagère qui peut se faire à l'école*, et nous y contribuons toutes les fois que nous associons nos élèves à la bonne tenue de leur salle de classe. Quand nous faisons prendre des habitudes de propreté, d'ordre, quand nous exigeons des mains nettes et des torchons d'ardoise, quand nous faisons mettre en pratique les mesures prophylactiques recommandées par l'instruction du 20 octobre 1902 sur la tuberculose : balayage à la sciure humide, aération, etc…, nous préparons de longue main la future ménagère. Dans certaines écoles où une cantine existe, à Ouilly-le-Vicomte (Calvados) par exemple, « les plus grandes élèves de l'école de filles, dit le directeur de l'école, auteur d'un des mémoires adressés au Congrès, aident pendant la récréation à la préparation des repas, à la remise en état du local, prenant ainsi d'excellentes leçons d'enseignement ménager. »

Dans d'autres écoles communales, rue Branville, à Caen, des cours de dentelle ont été installés et sont suivis par une quarantaine de fillettes qui se forment le goût, tout en acquérant l'habileté des doigts, si précieuse à la ménagère.

De plus, *nous pouvons et nous devons commencer l'enseignement ménager lui-même.* Le programme ne comporte-t-il pas deux heures par semaine, consacrées aux notions scientifiques élémentaires, lesquelles, d'après les termes mêmes des programmes de 1882 doivent prendre la forme de « connaissances très simples d'économie domestique et applications à la cuisine, au blanchissage, à l'entretien du linge, à la toilette, aux soins du ménage, du jardinage et de la basse-cour. »

Mais, deux heures par semaine, c'est peu. Bon nombre d'écoles rurales sont mixtes : grosse difficulté. D'autre part, la leçon de sciences est généralement commune aux trois cours. Comment intéresser les toutes petites à la lessive, à la disparition d'une tache ou à la préparation d'un repas ? Puis, où donner cet enseignement ? Dans la classe, il est artificiel, trop théorique et sans grande portée. « Le meilleur moyen de comprendre, c'est de faire », a dit Kant, et cela est particulièrement vrai en enseignement ménager. Chez l'institutrice ? Ce n'est pas réglementaire.

Aussi, des maîtresses dévouées (1), sentant la nécessité urgente de cette préparation à la vie ménagère, prennent-elles, *chaque jeudi, un groupe des plus grandes pour les associer aux travaux du ménage.* L'institutrice prouve ainsi qu'elle ne dédaigne ni le torchon ni le tablier bleu et cette démonstration par les choses l'emporte de beaucoup sur toutes les belles leçons faites en classe. L'explication, venant à propos, est d'autant mieux retenue qu'elle est associée à un commencement d'habitude. Dans certaines communes, moyennant quelques sous, les élèves confectionnent elles-mêmes le repas pris joyeusement en commun à midi ; un concours, à la fin de l'année scolaire, stimule les efforts et une matinée récréative clôture ces séances du jeudi, réunissant maîtresses et familles, étroitement solidaires dans l'éducation de l'enfant.

Nous ne saurions trop admirer ces dévouements et nous souhaitons ardemment de voir se multiplier ces initiatives généreuses et avisées.

Ces réunions du jeudi pour enfants d'âge scolaire seraient du reste heureusement parachevées par un enseignement ménager suivi, donné aux fillettes de 12 à 13 ans *pendant l'année qui suit généralement le certificat d'études.* Cette réforme serait facile sans

---

(1) Mme Lellepvre, Barenton (Manche) ; Mme Joubert, Goupillères (Manche) ; Mme Beaumois, Parfouru-sur-Odon ; Mme Marie, Brémoy..

doute à réaliser : il suffirait de rétablir intégralement l'art. 4 de la loi sur l'obligation du 28 mars 1882 et d'enlever au certificat d'études le privilège regrettable de dispenser d'un an de scolarité.

**

Cependant tous ces efforts sont à peu près stériles, nous l'avons vu, s'ils restent sans lendemain et si la petite fille est perdue pour nous dès l'âge de 12 ou 13 ans.

Aussi est-ce particulièrement à la Petite A. féminine qu'il appartient de donner l'enseignement ménager. Rien du reste ne répond mieux à son but. Que se propose-t-elle en effet ? De préserver moralement la jeune fille et de l'attacher à la vie simple et laborieuse qui doit être la sienne. Est-il rien qui réponde mieux à cette fin que l'enseignement ménager, qui adapte la jeune fille à son milieu et à sa destinée de femme ? Les Petites A. peuvent, d'ailleurs, donner cet enseignement avec plus de profit que l'école. Elles s'adressent à des esprits moins légers, qu'intéressent les questions de puériculture, d'hygiène et de ménage, parce qu'elles répondent aux sentiments qui s'éveillent naturellement chez la jeune fille qui se forme. Du reste, à 14 ou 15 ans, on a déjà eu l'occasion de s'exercer de temps à autre à soigner un malade, ou un petit frère ; il a fallu parfois remplacer la maman, et les maladresses commises ont fait comprendre les inconvénients de l'ignorance. Cette double condition d'un âge propice et d'un rudiment d'expérience sont des éléments de succès : profitons-en.

**

L'œuvre féminine post-scolaire la plus répandue dans l'académie de Caen est l'*Œuvre du Trousseau*.

Neuf mémoires ont été adressés au Congrès sur cette question.
Ce sont ceux :

du Président de la Caisse scolaire cantonale de Pavilly (arrondissement de Rouen), qui a joint à son envoi des statuts où sont prévues et résolues, avec un sens pratique très remarquable, un certain nombre de difficultés courantes ; de Mme Lamorte, directrice de l'école Laurent de Bimorel, à Rouen ; de Mlle Sellier, institutrice à Longroy, et de la directrice de l'établissement départemental de Grugny, pour la Seine-Inférieure.

Ceux de Mmes Bacon et Ciavaldini, directrices de l'école place Reine-Mathilde et de l'école rue de Branville, à Caen ; de Mme Decaindry, institutrice à Évrecy, pour le Calvados.

Ceux de M⁽ᵐᵉ⁾ Doucet, institutrice à Carquebut, et enfin de M⁽ˡˡᵉ⁾ Regnault, présidente du Comité des Dames de l'arrondissement de Coutances, rapport détaillé et éloquent que je suis heureuse de signaler tout spécialement aux membres du Congrès ; car il démontre ce que peut faire comme propagande, et obtenir comme résultats, une personne toute dévouée aux œuvres laïques.

Je voudrais pouvoir, Mesdames, vous faire la lecture de tous ces mémoires, tant ils sont à la fois riches en idées, suggestifs et réconfortants. Obligée de me limiter, je dois me borner à en extraire ce qui me paraît être l'essentiel et j'ai le très vif regret d'être un interprète souvent superficiel et quelquefois même, je le crains, quelque peu infidèle. En tout cas, ces documents pourront être communiqués à ceux des Congressistes désireux de se renseigner à fond sur cette œuvre si intéressante.

« On peut dire que la caractéristique de l'œuvre du Trousseau, dans l'arrondissement de Coutances, est la diversité dans l'unité », écrit M⁽ˡˡᵉ⁾ Regnault, dans le mémoire cité plus haut. La même vérité se dégage de l'ensemble des rapports adressés au Congrès.

Vous connaissez toutes, Mesdames, le fonctionnement de cette œuvre : moyennant une cotisation hebdomadaire ou mensuelle, variant autour de 6 francs par an, versée pendant une durée de 9 à 13 ans, la jeune fille achète l'étoffe qu'elle convertit elle-même en pièces de lingerie, sous la direction de l'institutrice. Ce trousseau est conservé à l'école. Les anciennes élèves, qui ne peuvent assister aux séances de couture, viennent chercher et rapporter les pièces qu'elles confectionnent chez elles. Ce trousseau leur est remis, suivant les cas prévus par les statuts, à leur entrée à l'école normale, à leur majorité, ou au moment de leur mariage.

Partout un même but est poursuivi : donner, grâce au travail personnel et à l'instinct de propriété, d'excellentes habitudes d'ordre, de prévoyance et d'économie, le goût de la couture et le sentiment de la valeur du linge dans un ménage, toutes qualités si précieuses pour une bonne ménagère.

Mais, sous cette unité apparente, que de variété dans l'adaptation de l'œuvre au milieu ! — A Caen, par exemple, (école de la rue de Branville), le trousseau est confectionné en entier par les seules cotisations des élèves ; à l'école place Reine-Mathilde, il est grossi par les dons en nature ou en espèces des membres honoraires ; à Evrecy, l'œuvre fournit le trousseau gratuit aux pupilles de l'Assistance publique ; à Carquebut, grâce à une subvention de la municipalité, et aux dons des membres directeurs, le trousseau est gratuit pour toutes les élèves. L'organisation n'est pas moins diverse. S'étendant à tout un arrondissement, à Coutances, elle est cantonale à Pavilly (Seine-Inférieure), patronnée dans le premier cas par un Comité de dames et dans le second par une caisse scolaire. A Caen, elle est placée sous le patronage de l'Amicale des anciennes élèves du Collège, et ainsi se trouve réalisé un rapprochement fort heureux entre deux ordres d'enseignement et plus encore entre deux classes sociales, qui ont tout à gagner à se connaître l'une l'autre davantage. Et il existe d'autres différences encore. Les séances ont lieu ici pendant les heures de classe et là le jeudi. Dans telle école, chaque enfant travaille à son trousseau ; dans telle autre, on travaille pour les absentes, ou encore le trousseau confectionné en commun est ensuite tiré au sort. En quelques endroits se greffent sur cette œuvre des lectures instructives, abonnements à des périodiques, matinées récréatives, destinés à attirer, retenir et instruire les pupilles.

C'est à cette souplesse, sans doute, qu'il faut attribuer la force de vie et d'expansion de l'œuvre du Trousseau. A Caen, par exemple, aux œuvres existantes si prospères, s'est ajoutée, tout récemment, grâce à l'initiative de personnes généreuses dont le nom fait autorité, celle de l'Ecole St-Julien ; celle de St-Ouen est en formation, et il en est ainsi un peu partout. L'an dernier, il nous a été donné d'assister, dans notre ville, au triomphe du Trousseau, lors du mariage de deux des pupilles de l'école place Reine-Mathilde, mariages que tous les amis de l'Ecole laïque avaient tenu à célébrer avec solennité. Souhaitons à toutes les œuvres existantes même succès, même prospérité ; souhaitons plus encore, avec Mlle Regnault, de Coutances : « de voir bientôt dans toutes les écoles de la région, même les plus petites, s'élever des piles de torchons, de serviettes, de chemises..... cousues par les fillettes et rangées soigneusement, comme des choses précieuses, pour le trousseau futur. »

*
* *

Toutefois, si le linge est une grosse question dans un ménage, on sait qu'il n'est pas tout. *La Petite A. féminine doit faire plus encore et donner l'enseignement ménager dans sa totalité.*

Entendons par là l'art de faire une cuisine à la fois agréable, hygiénique et économique ; la comptabilité familiale ; l'hygiène (composition d'une pharmacie de famille, soins à donner en cas d'accident ou aux malades) ; la puériculture (si inconnue et pourtant si nécessaire pour prévenir et diminuer la mortalité infantile) ; enfin toutes les questions courantes relatives à l'entretien des meubles, du linge (lavage, raccommodage, repassage) ; sans oublier l'art d'embellir à peu de frais le foyer domestique.

J'ai le pénible devoir de constater que, dans l'Académie de Caen, rien, ou presque rien n'est fait en ce sens dans les Petites A. féminines. Un seul rapport est parvenu au Congrès sur cette question, rapport fort intéressant il est vrai, rédigé avec une haute conscience par Mme Gantois, présidente de l'Amicale P. Bert, à Sanvic (Seine-Inférieure), qui indique, sans autre souci que celui de la vérité, l'effort tenté et les résultats obtenus par la Fédération hâvraise des Petites A., à la suite du Congrès de 1909.

Songez, au contraire, Mesdames, aux résultats merveilleux obtenus dans la maison d'à-côté. Embrigadées dès la communion parmi les « Enfants de Marie », les jeunes filles, rattachées à un patronage congréganiste, trouvent le temps de parfaire leur éducation religieuse le dimanche, et même en un certain mois printanier, le soir, après la journée de travail. Nos adversaires savent bien que tenir la femme, c'est garder la haute main sur les mœurs et favoriser la survivance des préjugés. Puisse la pensée d'une œuvre néfaste qui s'accomplit en dehors de nous et contre nous, être pour nous un stimulant qui nous permette de vaincre les difficultés très réelles, qu'il serait puérile de nier.

Ces difficultés, Mme Gantois, de Sanvic (Seine-Inférieure) les connaît pour s'être mesurée avec elles, et nous pouvons en croire sa parole autorisée : « La première année, en 1909-1910, au Hâvre, 50 jeunes filles avaient suivi le cours de cuisine ; 108, celui de coupe. Trois ans plus tard, en 1912-1913, on ne compte plus que 25 élèves à la cuisine, et 45 à la coupe. L'effectif a baissé de la moitié environ en 3 ans, bien que les professeurs soient toujours aussi compétents et aussi dévoués. Pourquoi ? La principale raison, c'est que ces cours ont lieu le dimanche matin (seul jour en effet où ils soient possibles, les cours du soir étant vraiment peu pratiques pour les jeunes filles.) « Or, dit très justement Mme Gantois, ces jeunes filles travaillent toute la semaine, de 8 heures du matin à 7 ou 8 heures du soir ; elles n'ont qu'un jour de repos par semaine. Encore ce jour est-il souvent employé, par plusieurs d'entre elles, à se raccommoder ou à aider leurs mères dans les soins du ménage. » Ajoutons aussi qu'un grand nombre de ces jeunes filles sont arrêtées par les traditions religieuses, interdisant le travail du dimanche. Aussi sommes-nous toutes prêtes à affirmer, avec Mme Gantois, « que cette difficulté serait aplanie si, l'obligation post-scolaire tant de fois réclamée par les Congrès étant un fait acquis, les cours étaient faits en semaine, à une heure déterminée, prise sur le travail de l'atelier. »

Nous venons d'envisager la plus grosse des difficultés, celle de trouver le jour et l'heure qui conviennent aux anciennes élèves. Quant aux autres, réelles assurément, elles ne sont pas invincibles. — Le local ? Sans doute, la salle d'éducation ménagère, installée à l'établissement départemental de Grugny (Seine-Inférieure) pour une somme de 1.000 francs et dont Mme Candelier, directrice, fait le plan et la description dans son rapport, paraît de tous points souhaitable. Mais, à défaut de ce local spécial, n'y a-t-il pas la salle de classe, pour la couture, le raccommodage, les notions d'hygiène et de puériculture ? la propre cuisine de l'institutrice pour les exercices culinaires et sa buanderie pour les notions théoriques et pratiques se rapportant à la lessive ? Le matériel a t-il besoin d'être considérable et perfectionné pour de futures femmes d'ouvriers ou de paysans, et celui dont nous nous servons journellement ne suffit-il pas ?

Il y a enfin la grosse question : mais que faire sans argent ? d'abord, il existe peut-être des moyens de s'en procurer ; c'est précisément de s'associer, de se grouper à l'imitation de la fédération hâvraise ou de la Caisse cantonale scolaire de Pavilly (Seine-Inférieure). Il est également possible, et l'arrondissement de Coutances en a fait la preuve par les faits, de créer dans un canton ou un arrondissement un Comité de dames s'intéressant à la formation ménagère des jeunes filles du peuple. Et je sais qu'à Caen, par exemple, où rien n'a été tenté en ce sens, il est pourtant des bonnes volontés agissantes, qui n'attendent qu'une occasion pour se manifester. Quand nous aurons formé des groupements, il nous sera plus facile, espérons-le, d'intéresser les communes, les départements et l'Etat à l'enseignement ménager. Quoi qu'il en soit, au Hâvre par exemple, les ressources sont suffisantes pour fournir gratuitement aux jeunes filles le repas qu'elles ont préparé.

Mais, en admettant que ces ressources fassent défaut, il est possible de faire quelque chose *quand même*, à condition qu'on le veuille fermement. Je tiens à la disposition des congressistes toute une liste de menus excellents qui ont été exécutés dans un patronage laïque, pour la somme invraisemblable de 0 fr. 10. Permettez-moi de vous donner quelques précisions :

Menu du 4 août : Soupe aux haricots verts, bœuf à l'angevine, haricots verts.

Menu du 31 août : Pot au feu, ragoût de mouton, salade.

Menu du 7 septembre : Soupe aux pommes de terre, bœuf au miroton ; pommes de terre au lait.

Il est juste d'ajouter toutefois qu'en dehors de cette contribution en argent les jeunes filles apportaient le pain et le vin et que la caisse du patronage devait verser en outre 0 fr. 066 par repas et par personne. Ces résultats que j'ai contrôlés, ayant vu fonctionner cette œuvre à Angers, dans un milieu hostile, sans secours de la municipalité ni du département, prouvent ce qu'on peut faire, malgré toutes les difficultés, à condition de vouloir.

**

Reste à envisager la *préparation des maîtresses*. Une institutrice est-elle forcément une ménagère modèle ? Mme Leliepvre, de Barenton (Manche), demande qu'il soit fait appel au concours d'anciennes élèves, devenues couturières, blanchisseuses, et il y a là une idée excellente pour le moment où nous aurons de l'argent. Les maîtresses, spécialement formées pour enseigner dans les écoles ménagères, ont évidemment aussi une compétence supérieure à la nôtre. Et pourtant, pour être institutrice on n'en est pas moins femme, et on est même, par définition, une femme plus intelligente et plus cultivée que la moyenne, par conséquent plus apte aussi à donner l'enseignement ménager rationnel, le seul que nous voulions connaître.

N'oublions pas non plus que, depuis 1905, date de la réforme des écoles normales, 11 heures par semaine sont consacrées, en 3e année, à la préparation ménagère des futures institutrices. Ce temps considérable se décompose ainsi : Économie domestique : 1 heure ; Hygiène et soins médicaux : 1 heure ; Couture et raccommodage : 3 heures ; Cuisine : 2 heures ; Savonnage et repassage : 2 heures ; Nettoyage et jardinage : 2 heures.

Souhaitons seulement, et je parle ici d'une façon tout à fait générale, qu'on ne perde pas de vue dans cette préparation les conditions budgétaires très modestes d'un ménage d'ouvriers.

***

CONCLUSION

En somme, Mesdames, et avant de formuler les vœux dont la réalisation rendra dans l'avenir la tâche plus aisée et la moisson plus féconde, je vous invite à conclure qu'il est possible de créer, *dès maintenant et partout*, des Petites A. féminines, ayant pour principal objet la préparation ménagère. Il faut que le Congrès de Caen soit suivi de résolutions énergiques, de celles qui engendrent des actes, et que, d'ici quelques mois, un grand nombre d'institutrices puissent dire, avec Mme Gantois, de Sanvic (Seine-Inférieure), « nous voulons prouver que les vœux émis par les Congrès ne sont pas toujours lettre morte ». Si la foi renverse les montagnes, il n'est pas non plus d'obstacles qui résistent à une ardente bonne volonté. C'est ce que démontrent éloquemment les mémoires adressés au Congrès de tous les points de l'Académie. « J'ai voulu simplement prouver qu'il suffit d'un faible talent et de beaucoup de bonne volonté pour créer, organiser et faire prospérer une Amicale « écrit Mlle Sellier, institutrice à Longroy (Seine-Inférieure), et le Président de la Caisse cantonale scolaire de Pavilly (même département) dit de même très justement mais avec trop de modestie : « Notre milieu n'était pas particulièrement propice, nos ressources n'étaient pas particulièrement importantes, mais l'activité et le dévouement de tous nos collaborateurs ont suffi ; et partout où se trouvera de l'activité et du dévouement, on pourra faire autant et mieux que nous. »

Après la lecture du rapport de Mme Bois, la discussion s'engage sur les vœux proposés au Congrès. A noter en particulier des remarques de M. Beudon, inspecteur primaire, et de Mme Artu, institutrice à Deauville, sur les cours du jeudi ; de Mme Weill sur les patronages dans les villes ; de M. Gallier, conseiller général, sur les écoles ménagères.

Finalement, les vœux suivants sont adoptés :

1° *Que, poursuivant le rétablissement intégral de l'art. 4 de la loi du 28 mars 1882 sur l'obligation, qui fixait la sortie de l'école à 13 ans, il soit fait une place prépondérante à l'enseignement ménager, pendant la dernière année de la scolarité ; que l'enseignement ménager post-scolaire soit déclaré obligatoire de 13 à 16 ans et qu'une loi oblige les patrons à accorder, à cet effet, à leurs domestiques et employées, au moins une demi-journée de congé par semaine, en dehors du dimanche ;*

2° *Que, dans toutes les écoles primaires de filles, il soit réservé, dans l'emploi du temps ordinaire, un après-midi consacré aux travaux du ménage ;*

3° *Qu'une Petite A. féminine soit créée auprès de chaque école de filles, ayant pour objet essentiel l'enseignement ménager et que des subventions des pouvoirs publics (Etat, Département et Communes) viennent favoriser leur fonctionnement ;*

4° *Que des écoles ménagères agricoles ambulantes soient créées dans toute la Normandie.*

Texte détérioré — reliure défectueuse
NF Z 43-120-11

V

Séance plénière

La séance est ouverte à 3 heures un quart dans la salle des concerts de l'Hôtel de Ville, trop petite pour contenir toute l'assistance.

Parmi les notabilités présentes, on remarque M. Ferdinand Dreyfus, sénateur de Seine-et-Oise ; M. le docteur Lachaud, député de la Corrèze ; M. Léon Robelin, secrétaire général de la Ligue de l'Enseignement ; MM. Gers et Bordier, membres du Conseil général de la Ligue.

La parole est donnée par le président M. Edouard Petit à M. Cabouat président du *Cercle Caennais* de la Ligue de l'Enseignement, qui, dans une éloquente allocution, remercie le président du Congrès de son dévouement toujours constant à la cause des Petites A.

De chaleureux applaudissements saluent la péroraison de M. Cabouat.

M. Edouard Petit remercie la ville de Caen de l'accueil fait aux congressistes. Son allocution est soulignée de bravos prolongés.

M. Toussaint, Directeur de l'Ecole normale d'instituteurs de Caen, donne alors lecture de son rapport sur les Œuvres postscolaires dans la ville de Caen.

MESDAMES, MESSIEURS,

Je remercie M. le Président du Comité d'organisation de ce Congrès, notre infatigable chef de file, M. Jules Cabouat, d'avoir bien voulu me demander de faire, en séance plénière, une communication sur l'état des œuvres continuatrices de l'Ecole laïque dans la ville de Caen.

Et je suis heureux d'exposer cette situation en présence de l'homme qui en France, depuis plus de 20 ans, s'est fait l'apôtre de la post-école, et dont les efforts ont suscité tant de dévouements, ont fait couvrir notre pays d'un tel réseau d'œuvres utiles, que vraiment on peut dire qu'il a bien mérité de la Patrie. (*Approbation générale.*)

Rien que dans notre ville, ces œuvres sont nombreuses et très diverses. La revue qui va suivre vous le montrera. Pour vous en faire connaître l'existence et d'une façon sommaire le fonctionnement et les résultats, il semble qu'une classification s'impose. Le principe m'en serait donné par le but un peu spécial que chaque œuvre cherche à atteindre. Mais certes toutes se proposent de continuer, de compléter l'intégrale éducation commencée à l'Ecole laïque.

Développer harmonieusement les forces physiques, meubler l'esprit des connaissances essentielles et fortifier toutes ses virtualités, donner à chacun l'amour de son métier, en lui en faisant saisir la philosophie, élever les cœurs et éveiller en eux les sentiments les plus généreux, faire des hommes et des femmes a la volonté éclairée et ferme, dirigée vers le bien public, ah ! Mesdames et Messieurs, le beau programme, la noble mission pour les vaillants pionniers du progrès démocratique ! (*Salve d'applaudissements.*)

Quels sont ces dévoués artisans dans notre ville de Caen ?

A l'origine de la plupart de nos œuvres, on trouve l'action du Cercle Caennais de la Ligue de l'Enseignement, aux destinées duquel préside depuis plus de 12 ans, avec quelle compétence, quel zèle, quelle autorité, vous le savez tous, M. Jules Cabouat, le promoteur de notre Congrès. (*Bravos répétés.*)

Mais les volontaires de l'éducation populaire viennent s'offrir nombreux pour organiser et faire fonctionner les œuvres qui nous sont chères.

Voici d'abord les maîtres si dévoués de l'enseignement primaire, toujours prêts à consacrer leurs forces, leur savoir, le meilleur d'eux-mêmes aux Institutions qui doivent consolider leur œuvre scolaire et contribuer à créer plus de bonheur individuel et social. (*Applaudissements.*)

Voici plusieurs professeurs du lycée Malherbe, qui ont vite compris la noblesse de l'œuvre et se sont donnés de tout cœur à sa réalisation. Ils se sont spécialement dévoués à l'un de nos patronages, dont le président actuel est le très distingué rapporteur général de notre Congrès, M. Charles Guerlin de Guer. (*Applaudissements.*)

Puis ce sont beaucoup d'amis de l'Ecole laïque, des fonctionnaires, des délégués cantonaux, des élus du suffrage universel, des étudiants, voire beaucoup d'hommes et de femmes dévoués à l'enfance, à la jeunesse, au peuple, qui consacrent et leur temps et leurs ressources pour mieux préparer jeunes gens et jeunes filles aux luttes de la vie.

Voilà, dans la ville de Caen, comme un peu partout, n'est-ce pas, les continuateurs de l'école laïque ! Ils rivalisent d'ingénieuse initiative, de zèle éclairé, d'ardeur tenace et inlassable, de foi en la force, en la virilité des enfants de France. (*Applaudissements prolongés.*)

Quelles œuvres sont issues de ces bonnes volontés, dont l'union, l'harmonieuse entente, multiplie les forces ?

Les *Cours d'Adultes* fonctionnent encore dans plusieurs de nos écoles de garçons, les bons vieux cours d'adultes, qui sont le lendemain immédiat de l'École, l'œuvre post-scolaire par excellence, où l'adolescent entretient et complète les connaissances acquises.

L'un de ces cours, à l'école de la rue de Geôle, donne aux soldats illettrés de la garnison « l'instruction réparatrice », et les excellents résultats ont mérité aux instituteurs les félicitations du Général commandant le 3ᵉ corps d'armée. (*Bravos.*)

Dans cette même école se tiennent des *Cours professionnels* à l'usage des employés de commerce : comptabilité élémentaire et supérieure, droit commercial, français pratique, géographie économique, — où l'enseignement est donné par des hommes d'une compétence spéciale.

C'est là encore que sont nées et que travaillent deux sociétés musicales, que le Cercle Caennais de la Ligue de l'Enseignement continue à soutenir ; l'*Orphéon scolaire*, qui réunit les meilleures voix des écoles de garçons, et, sous l'habile direction de M. Le Marchand, prête son concours aux distributions de prix et autres cérémonies scolaires ; et la *Cæcilia*, orchestre symphonique qui, dirigé par M. Fontaine avec un véritable sens artistique, est très recherché pour les fêtes que donnent les divers groupements de la ville et spécialement les mutualistes et les patronages. Hier soir encore, la *Cæcilia* nous charmait dans cette enceinte et donnait à l'ouverture de notre Congrès une allure de fête. (*Applaudissements répétés.*)

A l'École primaire supérieure, grâce à l'initiative éclairée du Directeur M. Meunier, qui, comme secrétaire général, vient de fournir un travail colossal pour l'organisation du Congrès, fonctionne un *Cours de dessin et de technologie* réservé aux apprentis de l'industrie. Deux patrons de notre ville, M. Lacroix, constructeur-mécanicien, conseiller municipal, et Nizou, fondeur, conseiller municipal et Président du Tribunal de Commerce, ont voulu que leurs apprentis profitent de ce moyen d'éclairer, d'ennoblir leur métier, et ils les envoient au cours ..... pendant des heures de travail. (*Bravos prolongés.*)

A cette École aussi, existe un *Cours de préapprentissage*, où pendant trois heures, chaque jeudi, de nombreux grands élèves des écoles primaires élémentaires viennent recevoir des notions de menuiserie et d'ajustage.

Une mention aux pures et simples *Associations d'anciens élèves*, dont le but est surtout de maintenir et de resserrer les amitiés contractées sur les bancs de l'école. Elles tiennent d'assez fréquentes réunions pour organiser des fêtes familiales et des excursions. Telles sont les sociétés de l'Ecole mixte de la Folie, de l'Ecole des garçons de la Maladrerie, fondée par le Directeur, M. Leterrier, de l'Ecole primaire supérieure de garçons. Cette dernière, présidée par un jeune instituteur, M. André Lemaître, décerne aussi des prix aux meilleurs élèves de l'Ecole, et aide au placement des élèves sortants.

La *Mutualité scolaire* prend un nouvel essor dans nos écoles municipales. Elle continue à rendre de réels services immédiats aux familles, et à donner à ses membres d'excellentes habitudes d'économie, d'ordre, de solidarité agissante.

Dans chaque école d'adolescents existent des sociétés pour la pratique des sports, et spécialement du *foot-ball association*. L'Ecole primaire supérieure, les patronages, l'Ecole normale, le Lycée Malherbe, ont une ou plusieurs équipes qui matchent entre elles amicalement et avec celles des villes de la région. Ces équipes de « minimes » ou de « scolaires » sont encouragées et dirigées par l'importante Association sportive « Le Club Malherbe Caennais », dont les succès ne se comptent plus, et qui projette de devenir pour la ville de Caen ce qu'est la Ligue « Jeux et Sports » de St-Ouen, pour les écoliers parisiens, une sorte d'Ecole normale des jeux. (*Applaudissements unanimes.*)

La ville de Caen est fière aussi de sa *Société de gymnastique et de préparation militaire* qui, chaque année, à la Fête fédérale, se classe dans les premiers rangs parmi les meilleures sociétés. Ce soir, au cirque, cours Sadi-Carnot, elle vous présentera, Mesdames, Messieurs, en une séance fort intéressante, les exercices physiques discutés au récent Congrès de Paris. Ses moniteurs, guidés par le si compétent instructeur général, M. Bayer, ont organisé des filiales dans les patronages et à la Maladrerie. A côté d'elle, et pour la seconder, s'est fondée une *Société philharmonique*, qui prépare des musiciens pour l'armée, et montre, avec son chef si dévoué, M. Juin, une inlassable activité dont elle nous donne plusieurs fois la preuve au cours des fêtes actuelles. (*Applaudissements.*)

Mais il est à Caen d'autres œuvres sur lesquelles je vous demande la permission de retenir votre attention. Ce sont :

    les œuvres féminines ;
    les patronages ;
    les colonies de vacances.

En ce qui concerne les œuvres féminines, je ne puis m'empêcher d'accorder un souvenir et un regret aux *Cours de cuisine* organisés il y a 12 ans par le Cercle Caennais de la Ligue de l'Enseignement, et dans lesquels, avec une merveilleuse habileté technique, M. Leroux initiait d'une part de nombreuses dames et jeunes filles, d'autre part les grandes élèves des écoles, à la confection de plats simples et succulents. Cette œuvre me paraît devoir être reprise. (*Assentiment général.*)

Actuellement, c'est vers la lingerie que vont l'activité des dames dévouées à nos écoles, et le goût des fillettes.

Dès 1902, le Cercle Caennais de la Ligue de l'Enseignement avait trouvé auprès de Mlle Ciavaldini, la Directrice de l'école de Vaucelles, le plus aimable accueil pour l'installation d'un « *Trousseau* » qui fonctionna plusieurs années. Vous savez en quoi consiste cette œuvre. Elle a été reprise l'an dernier sous l'impulsion de Mmes Albert Hendlé, Detolle, Balland, et surtout de Mme Félix Lion, qui, ardente admiratrice de Mme Béguin et de son œuvre, à Paris, a installé aussi cette œuvre à l'école de la Place Reine-Mathilde, où elle fut secondée avec un grand zèle par la Directrice, Mme Bacon. (*Applaudissements.*)

L'Association amicale des anciennes élèves du Collège de jeunes filles s'est donné aussi pour tâche de fonder cette œuvre dans plusieurs écoles. Elle l'a fait déjà à la rue du Vaugueux, où 82 fillettes travaillent à leur trousseau, et à la rue St-Julien ; elle le fera demain à la rue St-Ouen. L'œuvre veut « assurer par la prévoyance et l'économie, un minimum de trousseau à la jeune fille qui va se créer un foyer, et, par la confection de ce trousseau, l'initier aux travaux de l'aiguille, et les lui faire aimer. » L'organisation est confiée à une Commission spéciale, dont la présidente, Mlle Moniez, a puisé dans l'exemple maternel son ardent dévouement à la cause des enfants du peuple. (*Applaudissements prolongés.*)

Dans toutes ces écoles, l'étoffe est payée par les cotisations mensuelles des élèves et des anciennes élèves adhérentes ; et celles-ci, à l'âge de 21 ans, se trouvent en possession d'un trousseau qu'elles ont payé sans s'en apercevoir, et auquel elles tiennent beaucoup, car elles l'ont cousu elles-mêmes, il leur rappelle de bons souvenirs, elles y ont mis tout leur cœur. (*Bravos répétés.*)

Dans le même genre de travail, je m'en voudrais de ne pas signaler l'*Ecole technique pour l'enseignement de la dentelle*, installée rue St-Louis. Elle est subventionnée par le Ministre du Commerce, par le département du Calvados, et la Chambre de Commerce de Caen. Son Président, M. Allainguillaume, le grand industriel et commerçant, que rien ne laisse indifférent de ce qui contribue à l'amélioration de la condition du peuple, voudrait ressusciter dans notre pays une industrie qui y a compté autrefois 50.000 ouvrières, et qui permet à la femme d'apporter au ménage un gain appréciable, tout en restant au foyer domestique. Nous lui sommes reconnaissants d'envoyer dans deux écoles publiques de filles, à Vaucelles et à la rue St-Jean, une maîtresse de son École technique, qui enseigne aux grandes élèves la fabrication des diverses dentelles et du filet brodé. M. Allainguillaume a d'ailleurs l'intention d'étendre ces leçons à toutes les écoles publiques de filles de la ville de Caen. (*Applaudissements.*)

Et les *Patronages* ?

Celui que l'Association amicale des anciennes élèves du Collège de jeunes filles a organisé à l'Ecole du Vaugueux occupe, toutes les après-midi du jeudi, agréablement et utilement une soixantaine de fillettes dont les parents sont absents de la maison.

Pour les jeunes gens, Caen possède deux patronages laïques, qui fonctionnent admirablement, celui de Vaucelles et le patronage Jean-Macé ; un autre vient de se fonder, qui donne les plus brillantes espérances, le patronage Jules Ferry.

Les statuts sont sensiblement les mêmes ; leur art. 3 dit que la Société a pour but :

« 1° de fonder et de diriger des établissements où seront admis des jeunes gens, âgés de 13 ans au moins ;

2° D'aider à les placer convenablement à la fin de leurs études ;

3° De maintenir et de resserrer les liens d'amitié qui se sont établis entre les élèves sur les bancs de l'école ;

4° De continuer à perfectionner leur instruction et leur éducation laïque dans des réunions instructives et amusantes, où ils trouveront des relations agréables et utiles par des cours, causeries, lectures, récréations variées, excursions, jeux, sports, etc. »

A Vaucelles, le fondateur M. Clasquin conseiller municipal ayant quitté Caen, a été remplacé à la présidence par le très distingué et très actif M. Venot, Inspecteur et chef de gare principal des chemins de fer de l'Etat, qui, avec des collaborateurs comme M. Pain, Directeur de l'école, MM. Boulanger, Pontillon, d'Ervau, a porté le patronage à un haut degré de prospérité : 2 membres fondateurs, 176 membres honoraires, 117 membres actifs. (*Bravos.*)

Dès lors, le patronage peut remplir, et au-delà, le programme fixé par ses statuts : éducation physique et préparation militaire, par les excursions, le foot-ball, le tir, qui a lieu tous les dimanches : éducation intellectuelle, par des cours d'adultes 3 fois la semaine; des conférences tous les lundis, et une bibliothèque de plus de 700 volumes, choisis pour intéresser les jeunes gens ; éducation morale, et sociale, par l'excellent esprit qui règne dans les réunions, les promenades et les sports.

C'est le même programme, avec quelques variantes, que réalise le patronage Jean Macé, rue Bicoquet. Il compte 4 membres fondateurs, 160 membres honoraires, 80 membres actifs. Et là, Mesdames et Messieurs, il me faut évoquer le souvenir du fondateur, l'éminent organisateur, l'homme de féconde initiative et de grand cœur, le tant regretté M. Jules Poplu, ancien Directeur d'École à Caen, conseiller municipal, qui avait fait de ce patronage son œuvre personnelle, et qui serait à l'honneur s'il avait pu assister à nos fêtes actuelles. (*Salve d'applaudissements.*)

L'un de ses plus distingués et actifs collaborateurs l'a remplacé à la présidence, M. Charles Guerlin de Guer, qui, par tradition de famille, et par vocation, s'est toujours senti attiré vers les œuvres d'éducation populaire. (*Bravos prolongés.*) — Les autres collaborateurs de M. Poplu sont restés attachés au patronage avec le plus grand dévouement : le Directeur de l'école, M. Richer, qui, sous sa modestie, est toujours prêt quand il faut payer de sa personne ; MM. Adde, secrétaire de l'Académie, Dufresne, Gâtey, Tabon et deux professeurs distingués du Lycée, MM. Lescoffier et Hennequin. (*Applaudissements.*)

Je vous engage, Messieurs les Congressistes, à vous rendre rue Bicoquet, pour visiter l'installation du patronage Jean Macé, et je vous donne l'assurance qu'en ce lieu confortable il se fait une très fructueuse besogne : conférences et fêtes, bibliothèque, promenades, tir et gymnastique y fonctionnent avec méthode et sûreté. Il n'est pas douteux que l'on forme là des hommes, des soldats, des citoyens dignes de la France et de la République. (*Applaudissemens unanimes.*)

Le nouveau patronage Jules Ferry a deux beaux modèles devant lui. Nul doute qu'il n'atteigne la même prospérité. Ne compte-t-il pas déjà 29 membres fondateurs, 180 membres honoraires ou adhérents, 100 membres actifs inscrits ! Et n'a-t-il pas à sa tête des hommes comme MM. Nicolas, adjoint au maire, Lauret, Inspecteur d'Académie honoraire, Gabriel et Venise, conseillers municipaux ? Avec des organisateurs aussi dévoués, nous saluerons bientôt le plein succès du nouveau né.

Et nous espérons que cette prospérité sera féconde, et que d'autres patronages laïques s'ouvriront dans notre ville, puisque la population leur fait le meilleur accueil ! (*Bravos répétés.*)

Il me reste, Mesdames et Messieurs, pour terminer enfin, à vous mentionner une œuvre admirable, l'*Association Caennaise des colonies de vacances*, fondée il y a trois ans par Mme Albert Hendlé. Par son amabilité gracieuse et son activité toujours en éveil, elle a su communiquer son zèle généreux à de nombreuses personnes, et grouper plus de 400 membres adhérents. Elle a obtenu des subventions de la ville de Caen, du Conseil général du Calvados, du Ministre de l'Intérieur, du Ministre de l'Instruction publique, de l'Association des anciennes élèves du Collège de jeunes filles ; elle a organisé au bénéfice de l'œuvre, dans les salons de la Préfecture, une kermesse très productive; et avec toutes ces ressources la Société peut envoyer à la mer et à la campagne, et pour un mois entier, environ 150 enfants de familles prolétaires, qui y puisent la santé, la gaîté, grâce auxquelles ils entrevoient l'avenir avec confiance. (*Bravos prolongés.*)

L'avenir ! c'est lui que préparent nos œuvres auxiliaires de l'École laïque. C'est l'avenir, plus encore que le présent et le passé, qui nous est cher. Nous le voulons, pour notre France bien aimée, fécond et fort. Et nous comptons, pour atteindre ce but, sur le concours de tous les bons Français, de toutes les bonnes Françaises, en qui nous plaçons notre confiance. Nous leur adressons le plus cordial, le plus reconnaissant merci pour tout ce qu'ils ont fait, ce qu'ils font, ce qu'ils feront (cours variés, conférences, Petites A., jeux et sports, œuvres féminines, patronages, colonies...) afin de maintenir notre pays à sa place d'avant-garde dans la marche vers le progrès laïque et démocratique.

De très vifs applaudissements de la nombreuse assemblée soulignent cette péroraison. Et le Président du Congrès, M. Edouard Petit, remercie chaleureusement M. Toussaint de sa communication si intéressante.

« Je le le félicite, dit-il, de nous avoir montré avec tant de netteté et d'éloquence l'épanouissement des œuvres qui, dans la ville de Caen, prolongent l'action de l'École laïque. Son rapport est comme le « Livre d'or » de la post-école Caennaise. J'estime qu'il faudra le publier dans le Compte rendu du Congrès, afin que les autres villes trouvent là un exemple et un stimulant.

« Vous voudrez tous, comme moi, Mesdames et Messieurs, exprimer à M. Toussaint nos vifs remerciements. Je le connais depuis longtemps, je l'ai vu à l'œuvre ailleurs qu'ici et je l'ai retrouvé avec plaisir à Caen, toujours aussi dévoué, aussi actif. Je salue en M. Toussaint l'homme d'action et l'orateur. »

Cet éloge est accueilli par des bravos unanimes et prolongés.

Puis les rapporteurs des différentes Commissions donnent lecture des vœux adoptés dans la matinée.

Une observation intéressante de M. le Directeur de l'École primaire supérieure de Carentan provoque l'heureuse intervention de M. Ferdinand-Dreyfus. L'honorable sénateur fait un exposé juridique très complet de la situation légale des

« Petites A. », qui ne peuvent, dans l'état des choses, recevoir des dons ou legs. Il termine en émettant un vœu, adopté par l'Assemblée, tendant à ce *que les Petites Amicales soient admises à recevoir des dons et legs provenant de dispositions testamentaires.*

M. Léon Robelin s'associe à ce vœu et M. Édouard Petit engage très vivement toutes les sociétés postscolaires, entre autres les réunions de jeunes filles qui se tiennent le jeudi et le dimanche, à faire, à la Préfecture de leur département, la déclaration exigée par la loi de 1902 sur les Associations.

Après cet échange de vues, les vœux des Commissions sont approuvés à l'unanimité, et la séance est levée.

VI

La Fête de Gymnastique et de Préparation militaire

Le samedi soir avait lieu la réunion organisée par la Société de gymnastique et de préparation militaire de Caen, en vue de la démonstration des méthodes d'éducation physique proposées au récent Congrès de Paris.

Une très nombreuse assistance s'était rendue à l'invitation des membres du Comité, aux destinées duquel préside avec tant de compétence et d'autorité M. Meunier, Directeur de l'Ecole primaire supérieure.

Parmi les spectateurs on notait la présence de nombreux officiers de la garnison. La société Philharmonique de préparation militaire joue la *Marseillaise* à l'arrivée de M. Lachaud, de M. le Préfet du Calvados, de M. le Maire de Caen et de toutes les personnalités du Congrès.

Après le défilé des gymnastes a lieu le salut au drapeau ; de nouveau la *Marseillaise* est écoutée debout et M. Meunier prend la parole.

L'allocution de M. Meunier

Très applaudi, le dévoué président de la société de gymnastique de Caen remercie en termes excellents toutes les notabilités présentes d'être venues à cette fête grandiose qui groupe tous les amis de l'Ecole et de la santé publique. Il rappelle le souvenir des grandes fêtes fédérales de gymnastique de 1911, au cours desquelles nous eûmes déjà le plaisir d'écouter la belle et fière parole de M. le député Lachaud, et excuse M. Henry Paté, député de Paris, retenu au ministère de la guerre par ses fonctions de Rapporteur du projet de loi de trois ans. D'une façon fort heureuse, le sympathique Directeur de l'Ecole primaire supérieure critique le préjugé de certaines familles qui interdisent à leurs enfants chétifs la pratique de la gymnastique, et montre comment, par des exercices de plein air appropriés aux aptitudes physiques de chaque enfant, on peut améliorer grandement la santé des faibles et des malingres. De merveilleux résultats ont été obtenus, en ce sens, à l'Ecole Primaire Supérieure. Et pour terminer, en une péroraison particulièrement applaudie, M. Meunier fait l'éloge de la collaboration étroite du médecin et du professeur, qui, par une éducation physique raisonnée, fera des enfants des écoles « les vaillants défenseurs d'une patrie chère à tous ».

Le torse nu, les gymnastes font alors leur entrée et démontrent dans diverses attitudes les bienfaits d'une éducation physique rationnelle, que, grâce aux remarquables travaux du lieutenant de vaisseau Hébert, on commence à mettre sérieusement en pratique dans notre pays.

Le discours de M. le Dr Lachaud

Puis le député de la Corrèze, en un langage simple, plein de force et de couleur et d'une rare élévation de pensée, remercie d'abord les organisateurs de cette belle fête et les vaillants petits gymnastes de l'excellente leçon et de l'utile démonstration qui vient d'être donnée. Elle montre, ajoute-t-il, d'une façon péremptoire, l'importance de l'éducation physique, aussi utile à notre époque que dans les Sociétés primitives où l'homme avait continuellement à défendre sa vie.

Il ne suffit pas, fait remarquer l'orateur, d'encourager l'élevage dans notre pays ; l'éducation physique des enfants doit être la première des préoccupations, car il importe ayant tout d'en faire des hommes capables de tenir leur place dans la vie.

Rapporteur d'un projet de loi réglementant l'éducation physique, M. le Dr Lachaud montre la nécessité d'établir dans tous les établissements d'instruction l'éducation physique à côté de l'éducation intellectuelle.

Par ce moyen, on combattra efficacement la dépopulation en France, car si la natalité ne doit pas se trouver accrue, du moins on ne verra plus disparaître en si grand nombre des enfants d'une dizaine d'années, auxquels nous n'avons pas su donner la puissance de vivre. La crise des effectifs se verra enrayée, car il n'y aura plus à constater l'énorme déchet que forme chaque année le nombre croissant des soldats réformés.

La bourgeoisie ne fréquente pas assez les sociétés de gymnastique. Là cependant, dans une honnête camaraderie, le fils de famille aurait profit à mettre sa main dans la main du fils de l'ouvrier, car le but de ces sociétés est de faire de tous nos enfants des hommes capables de songer, avec assurance, non seulement aux guerres possibles mais aussi aux luttes de la vie journalière.

Le député de la Corrèze, rappelant le réveil, par l'éducation physique, de la race allemande avant 1870, et les succès des peuples balkaniques, rompus à tous les sports, fait un vibrant appel aux mères de famille, à tous les assistants, pour le développement toujours grandissant dans la jeunesse française de la culture physique.

Le discours de M. Edouard Petit

L'éminent délégué du Ministre de l'Instruction publique remercie M. le docteur Lachaud de sa « savoureuse et importante conférence ». Les idées si éloquemment exprimées par le député de la Corrèze ont été, dit-il, droit à l'âme de tous les auditeurs.

La plus haute récompense de votre bel apostolat dans toute

la France, ajoute-t-il, en s'adressant à l'orateur, sera de voir les mœurs et l'opinion publique forger elles-mêmes la loi sur l'éducation physique réclamée par vous au Parlement avec tant de persévérance.

Et M. Petit termine au milieu des applaudissements par un chaleureux appel à la jeunesse gymnaste qui, se rendant chaque jour plus robuste par l'éducation physique, nous prépare un pays fort n'ayant pas à redouter les éventualités de demain.

VII
La Conférence de M. Hugues Le Roux

Le lendemain, dimanche, un vrai régal littéraire était réservé aux congressistes : une conférence de M. Hugues Le Roux était inscrite au programme.

Bien avant 9 heures, la grande salle des fêtes de l'Hôtel de Ville est entièrement remplie. En termes excellents, M. Ed. Petit, président du Congrès, présente M. Hugues Le Roux, notre éminent confrère, qui, « Normand de Normandie », va prendre la parole devant les Petites A. normandes.

Après un splendide plaidoyer en faveur des sports, après avoir montré que c'est surtout dans un corps robuste que « l'esprit et l'âme peuvent avoir des ailes », M. Hugues Le Roux tira les plus beaux enseignements de la guerre balkanique, où des peuples, après des siècles d'oppression, luttent victorieusement pour leur indépendance. En une admirable péroraison particulièrement applaudie, il invite les Français à avoir confiance dans les qualités auxquelles ils doivent leur place dans le monde.

Absolument conquis, subjugué, l'auditoire fit à plusieurs reprises de longues ovations à l'orateur.

M. Cabouat, d'une façon très heureuse, se fit l'interprète de tous en adressant ses plus chaleureuses félicitations à l'éminent conférencier.

Il le remercia au nom des congressistes de la belle et superbe leçon d'énergie qu'il venait de leur donner avec cette éloquence à la fois vigoureuse et sobre. Tous y ont reconnu avec joie une expression très belle et très noble de ce génie normand fait de ferme volonté et de clair bon sens. (*Applaudissements prolongés.*)

VIII

L'Assemblée générale des Délégués cantonaux

A la suite de la conférence de M. Hugues Le Roux, se tint, sous la présidence de M. Ferdinand Dreyfus, l'assemblée départementale des délégués cantonaux.

M. Ferdinand Dreyfus, en un langage élevé, au nom de l'Union des délégués cantonaux de France, adresse un salut fraternel aux congressistes. Evoquant le nom illustre de Jules Ferry, auquel nous devons l'école agrandie et un vaste empire colonial et rappelant cette belle parole de M. Poincaré, Président de la République française, qui définissait la délégation cantonale « la représentation de l'école dans la famille et de la famille dans l'école », le sénateur de Seine-et-Oise fait l'éloge des délégués cantonaux, qui se dévouent si largement à toutes les œuvres *postscolaires* et *périscolaires*. Il tient à souligner l'initiative prise par les délégués cantonaux de Pont-l'Evêque, de la très large accession des femmes dans les délégations cantonales, où elles deviennent « les grandes sœurs sociales de l'institutrice ». Il signale l'utilité pressante de la création dans le Calvados d'une *Union départementale* de ces délégations, où l'on compte tant d'hommes qui savent faire de l'Ecole publique une « école de virilité, de culte et d'amour de la Patrie ».

Des applaudissements plusieurs fois répétés saluèrent ce beau discours.

Puis M. Ed. Petit montre comment il faut défendre l'école

laïque en venant en aide aux instituteurs, ces « éternels conspirateurs pour le bien public » et demande de constituer sans plus tarder le bureau de « Union départementale. »

Par acclamation et aux applaudissements de l'assemblée, sont désignés, comme Président de l'Union, M. Tesnière, vice-président du Conseil général, l'homme dévoué au bien public et rompu aux affaires qui saura grouper les efforts des délégués cantonaux en vue d'une action féconde ; et, comme vice-présidente, Mme Albert Hendlé, l'aimable et dévouée Présidente de l'Œuvre des Colonies de vacances.

M. Henry Chéron, Ministre du Travail, est proclamé Président d'honneur de l'Union.

IX

Arrivée des Ministres

A midi précis, le train ministériel entre en gare, et bientôt paraissent sur le quai M. Barthou, président du Conseil, MM. Pichon, Klotz et Henry Chéron, salués par les autorités.

Très vite, car le temps presse, on sort du salon. Lorsque M. Barthou et les Ministres arrivent sur le trottoir, la musique de l'Ecole normale joue la *Marseillaise*, tandis que la foule se découvre et acclame à la fois nos visiteurs et l'hymne national.

Les musiques sonnent ensuite au drapeau. M. Barthou s'avance vers les groupes rangés en face de la sortie. M. Cabouat prend la parole ; il prononce l'allocution suivante, qui est très applaudie :

« Monsieur le Président,

« Vous avez voulu, dans un sentiment qui vous honore, être reçu dans cette ville avec une simplicité toute républicaine. Si les honneurs officiels auxquels vous donne droit votre charge ne vous sont pas rendus, veuillez du moins accepter les acclamations chaleureuses des militants du parti républicain démocratique.

« Les Congressistes et les membres de la Ligue de l'Enseignement, qui comptent dans leurs rangs un très grand nombre d'instituteurs et d'amis de l'Ecole laïque, ont tenu à vous apporter leur salut respectueux.

« A eux s'est jointe l'Association républicaine de Caen que j'aurai l'honneur de vous présenter dans une autre enceinte.

« En votre honneur se sont groupés les mutualistes, nos trois patronages laïques : Jean Macé, de Vaucelles et Jules Ferry, la Société de gymnastique et de préparation militaire et la Société philharmonique où se préparent nos futurs soldats.

« Enfin, encadrant toute cette jeunesse et l'entraînant aux sons harmonieux de sa fanfare, l'Ecole normale de Caen, pépinière des jeunes maîtres qui auront bientôt la noble mission de préparer de bons citoyens à la Patrie et à la République. »

M. Barthou remercie M. Cabouat, dont il connaît depuis longtemps les sentiments républicains, des bonnes paroles par lesquelles il vient de le saluer. « Les ministres qui m'accompagnent, ajoute le Président du Conseil, entre autres votre ami et le mien, M. Henry Chéron, se joignent à moi pour vous remercier. »

Des applaudissements répétés saluent ces paroles de M. Barthou, qui ajoute : « M. Cabouat n'a pas voulu prononcer de discours, il a fait mieux ; il nous a présenté les militants du parti républicain, les mutualistes, les instituteurs. Comme ministre de l'Instruction publique je suis l'ami des éducateurs de la nation et je les défendrai contre les attaques et les outrages qu'ils ne méritent pas. Puis M. Barthou fait l'éloge des patronages laïques, qu'il est heureux de saluer au cri de : « Vive la République ! »

La foule répète avec enthousiasme ce cri de : « Vive la République ! » Elle crie aussi : « Vive Barthou ! » et cette ovation se prolonge longtemps, tandis que, de tous côtés, retentissent les applaudissements.

Après un parcours triomphal à travers la ville, le cortège officiel gagne la vaste salle du Manège où treize cents convives se pressent pour honorer les Ministres de la République.

M. Barthou, à l'issue du banquet, prononça l'admirable discours que toute la presse a reproduit, et qui est accueilli aux cris mille fois répétés de : Vive Barthou ! Vive la République !

Et tandis que la musique militaire joue de nouveau la *Marseillaise* et le *Chant du Départ*, le cortège se reforme et l'on se rend au Cirque Omnia, où a lieu la clôture du Congrès.

X

Séance de clôture du Dimanche 4 mai

La séance de clôture du Congrès régional des Petites A. fut une manifestation inoubliable.

Tandis que s'achevait le Banquet, une foule sympathique s'entassait au Cirque *Omnia*, dont les gradins furent bientôt envahis jusqu'aux combles. Dans les couloirs, c'était la même affluence, à travers les rangs pressés de laquelle le cortège officiel eut quelque peine à se frayer un passage.

Peu après 4 heures, devant un auditoire de près de 3.000 personnes, M. Barthou déclara la séance ouverte et donna la parole à M. Edouard Petit, Président du Congrès.

M. Ed. Petit fit savoir, tout d'abord, au milieu des applaudissements de toute l'assistance, qu'il avait reçu de M. le Président de la République, en réponse à l'adresse votée à l'ouverture du Congrès, le télégramme suivant :

« *Présidence République à Président du Congrès régional des Petites A. de Normandie, à Caen. — M. le Président de la République, très sensible aux sentiments que vous avez bien voulu lui exprimer à l'ouverture du Congrès régional des Petites A. de Normandie, me charge de vous adresser ses très vifs remerciements, en vous priant d'en transmettre l'expression aux membres de votre Congrès.* » Signé : LE SECRÉTAIRE DE LA PRÉSIDENCE.

Puis il s'exprima en ces termes :

Discours de M. Edouard Petit

Monsieur le Président du Conseil,
Messieurs les Ministres,
Monsieur le Maire,
Mesdames,
Messieurs,

C'est un grand honneur que le Gouvernement de la République fait aux 1113 « Petites A » de Normandie en venant assister à la clôture de leur Congrès régional, si brillamment organisé et avec tant de succès par M. Cabouat, président du Cercle Caennais de la Ligue de l'Enseignement, et elles me chargent de vous en témoigner leur sincère et respectueuse gratitude. Vous avez tenu à prouver que vous vous intéressiez à leurs efforts, que vous aviez confiance dans leur esprit sagement réformateur, dans leur ardent et sûr patriotisme, et elles sont fières de l'estime que vous leur témoignez.

Ce que sont les « Petites A », les Petites Associations d'anciennes et d'anciens élèves, groupant les générations formées par l'École nationale et qui se réclament de l'idéal laïque et républicain, on commence à le savoir. L'énigme de leur appellation abréviative est forcée. L'on a vite compris qu'on se trouvait en présence de forces jeunes et actives, faisant librement l'apprentissage de la liberté, décidées, par l'effort solidaire d'initiatives concertées avec précision, à se récréer, à s'instruire, à faire leur éducation civique et patriotique en commun.

Les Petites Amitiés françaises... entre Français sont nées d'hier. On en comptait 57 en 1894. Elles sont, en 1913, au nombre de plus de 6.500 et groupent 700.000 jeunes filles et jeunes hommes, l'élite de l'enseignement primaire debout et en marche vers le progrès et vers l'avenir.

Les « Petites A » ne cessent de donner des preuves de leur féconde activité. Dans l'année scolaire qui se déroule depuis octobre, que d'actes utiles, que de manifestations heureuses il faut porter à leur actif !

Les « Petites A. » ont tenu pour dix départements du sud-est un Congrès régional à Lyon : le Congrès de l'Adolescence. Elles ont, par des fêtes, par des journées sociales, resserré les liens fédéraux qui les unissent, dans l'Ain, dans l'Oise, dans la Somme, dans l'Aisne, dans la Loire. Elles sont entrées triomphalement dans la Maison de la Jeunesse populaire, à Roubaix. Elles ont célébré, en réalisant une pensée de la Convention, la poétique et touchante Fête Civique de la Jeunesse qui, il y a quinze jours, se déroulait à Lyon, dans le décor historique du vieil Hôtel de Ville. Elles ont partout affirmé la sincérité de leur loyalisme et de leur filial attachement à la République et à l'Ecole, qu'elles ne séparent pas dans leur affectueuse reconnaissance.

Les « Petites A » de Normandie se sont associées dignement à l'œuvre de leurs sœurs.

Le Congrès régional qu'elles viennent de tenir à Caen a été un Congrès de propagande et d'action qui a continué l'effort des Congrès de Honfleur, d'Alençon, de Lisieux, du Hâvre, et qui a tracé les règles du travail collectif que doivent fournir les groupements post-scolaires de la Normandie.

Le spectacle a été réconfortant, qu'ont offert les étudiants populaires encadrés par leurs aînés, dans ces deux journées où ils ont discuté les moyens que comporte dans son adaptation au milieu économique la triple formule : « De l'Ecole au Ménage », « De l'Ecole au Régiment », « De l'Ecole à la Cité ».

Il ne m'appartient pas d'en résumer les travaux, et je ne commettrai pas l'indiscrétion de pénétrer sur le terrain réservé au distingué Rapporteur général du Congrès, M. Guerlin de Guer, professeur prouvant d'exemple qu'il n'y a pas de cloisons étanches entre les Lycées et les Ecoles. Mais il sera permis à celui qui a eu l'honneur de présider vos débats de dire avec quelle foi, quel entrain, quelle passion courtoise, on a cherché la solution des difficiles et troublants problèmes que soulèvent les questions de l'apprentissage, de la formation militaire et patriotique, de l'éducation sociale. L'on sentait que cette jeunesse frémissante comprenait et les espoirs que l'on fonde sur elle et les responsabilités qui lui incombent à l'heure présente et qu'elle voulait se mettre en mesure de revendiquer utilement sa part d'action, de sacrifices peut-être, pour la Patrie bien aimée.

L'adolescence ouvrière et rurale groupée dans les « Petites A. » de Normandie, dans toutes les « Petites A. » de France, a fait son devoir depuis vingt ans et elle est résolue à le faire pleinement et jusqu'au bout. Elle est l'élite qui, le soir, reprend contact avec l'école, de qui elle obtient un supplément d'instruction et à qui elle offre, comme protection et comme défense, l'appui de son dévouement, et de son influence rayonnante. Elle est l'élite qui ne croit pas, comme on va le répétant par habitude de facile et banale imitation, que l'adolescence est abandonnée, alors que partout où un enfant du peuple veut fortifier son savoir, il sait où trouver un professionnel ou bien un volontaire de l'enseignement prêt à lui faire accueil ; aussi est-elle l'élite qui ne s'abandonne pas. Elle est l'élite qui, dans les villes et les villages, par les conférences, par les concerts, par les spectacles dont le goût s'épure à l'user, a su introduire un peu de vie intellectuelle, un peu d'art et de beauté. Elle est l'élite enfin qui, au premier appel, est venue se ranger sous les plis du drapeau dans les sociétés de gymnastique et de préparation militaire et qui a sa part, sinon dans le réveil de l'énergie nationale, qui, au vrai, ne s'était jamais endormie, mais dans son ferme et sûr maintien.

Oui, certes, l'adolescence ouvrière et rurale qui se forme au sentiment et à la pratique de l'association dans les « Petites A » de Normandie et les « Petites A· » de France, a fait son devoir.

Aussi se permet-elle de demander qu'on se penche sur elle pour l'élever vers plus de progrès et vers plus de lumière, qu'on aide ceux qui s'aident, selon la maxime de Jean Macé, mon maître. Elle demande que, dans les villes, on organise pour elle des terrains de jeux, que dans les constructions scolaires on prévoie une salle spéciale pour les réunions où l'on rapprochera la famille de l'Ecole devenue la maison commune du travail attrayant. Elle demande qu'on supprime les entraves opposées en nombre de communes rurales à la fréquentation de l'Ecole prolongée par des hommes vraiment d'un autre âge, qui interdisent aux domestiques de ferme l'accès des cours de réparation, afin d'épaissir autour des « emmurés intellectuels » les ténèbres hors desquelles leur prestige s'évanouirait.

Elle demande que les jeunes ouvriers, courbés de l'aube au soir sur l'outil, ne soient pas astreints à un dur surmenage, dommageable à la santé, et que l'horaire du soir fasse place à l'horaire du jour, après entente entre éducateurs et patrons, ainsi qu'on l'a fait à Caen, avec un succès nettement probant. Elle demande que l'éducation populaire qui doit s'appliquer à sept millions de jeunes Français, ne soit plus soumise au hasard d'une improvisation reprise et recommencée chaque hiver, mais devienne une organisation enfin fixée et régulière où se combinent, en juste mesure d'équilibre et d'harmonie, et l'initiative des libres collectivités et l'action de l'Etat. Elle demande, pour que cesse l'exode des jeunes paysans vers les « cités tentaculaires », comme les appelle Verhaeren, qu'on leur facilite, au moyen de la mutualité légale, l'accès du « homestead », de la petite propriété incessible et insaisissable qui permettra l'entrée en ménage dès la sortie du régiment et de fonder une famille fixée sur le sol qui leur appartiendra.

Ce sont là, Messieurs, en abrégé, les Cahiers que présente aux pouvoirs publics et à l'opinion publique la jeunesse populaire, le quatrième ordre d'enseignement, force nouvelle et de jour en jour grandissante, qui aspire à recevoir son statut.

Mais les « Petites A. » savent ce que la République a fait pour l'enfance, si richement dotée d'Ecoles. Et elles sont assurées que l'Adolescence pourra compter sur son affectueuse protection.

A son tour, M. Cabouat se lève et prononce le discours suivant :

Discours de M. Jules Cabouat

MONSIEUR LE PRÉSIDENT DU CONSEIL,
MESSIEURS LES MINISTRES,

Lorsque vous avez bien voulu nous faire l'honneur très grand et inespéré d'accepter la présidence de la séance de clôture du Congrès des Petites A. de Normandie, un mouvement de fierté et d'enthousiasme a soulevé ces associations populaires — vaillantes et modestes — qui organisent et pratiquent avec tant de dévouement le patronage démocratique de la jeunesse. Les Petites A. voient dans votre présence à ce Congrès un encouragement à redoubler d'énergie dans leur œuvre d'émancipation intellectuelle ; elles l'interprètent comme une marque de haute sollicitude et de bienveillant intérêt du gouvernement républicain.

Dans quelques instants, il vous sera rendu compte, Monsieur le Président, de nos travaux et de nos délibérations. Nous vous exposerons les conclusions qui s'en dégagent et les vœux qui résument nos aspirations, sûrs que vous nous aiderez ensuite à les réaliser.

De ces vœux, il en est qui se sont déjà exprimés en d'autres circonstances, et que notre devoir était de renouveler ; d'autres, entièrement nouveaux, viennent, à leur heure, s'insérer dans l'évolution toujours en marche de l'idée postscolaire. Ceux-là appartiennent en propre au Congrès de Caen ; ils représentent son apport, et comme un anneau ajouté à la chaîne d'études et d'expériences si patiemment forgée par d'autres Congrès déjà tenus en pays normand et dont nous nous sommes efforcés de continuer dignement la tradition.

Au feu des discussions animées, ardentes même qui se sont donné libre carrière dans nos commissions, nous avons eu la joie de voir se préciser en même temps que notre idéal, les moyens pratiques de le réaliser.

Notre idéal, c'est l'École Nationale toujours plus forte, plus féconde, plus accueillante et plus aimée du peuple ; nos moyens d'action, l'étude et les jeux, — tout ce qui peut instruire et moraliser, préparer les jeunes gens à l'effort collectif, les conquérir à l'idée de solidarité et en faire de bons citoyens.

En Normandie, luxuriante est la floraison des œuvres postscolaires ; variée et ingénieuse à l'infini l'action qui se meut autour de nos écoles, et digne à tous égards de la bienveillante sollicitude du gouvernement républicain. On sent dans nos petites A. normandes circuler, comme une sève féconde, cet esprit positif et ce bon sens pratique dont est faite la puissante originalité du génie normand.

Et ce Congrès n'eût-il d'autre résultat que d'avoir mis au jour la richesse infinie des combinaisons que revêt en ce pays l'action postscolaire, qu'il faudrait nous féliciter hautement de lui avoir donné l'occasion de se manifester.

Notre cher président et grand ami M. Edouard Petit vient, avec son incomparable maîtrise, de mettre en éclatante lumière la philosophie de nos discussions et les enseignements qu'il convient d'en tirer. Ma tâche, plus simple et plus modeste, était d'attester en une allocution rapide l'esprit qui n'a cessé d'animer nos congressistes, le devoir présent des amis de l'Ecole et son objet précis.

Ce que nous voulons, nous qui sommes avant tout ennemis du fanatisme et de l'intolérance, c'est créer des esprits vraiment libres, propager l'idée laïque, implanter dans les cœurs le sentiment d'une fraternité vraiment humaine, n'admettant entre les hommes aucun germe de division, ni de race, ni de religion.

Héritiers du patrimoine d'idées et d'institutions que nous ont légué les fondateurs de l'Ecole laïque, les Edgar Quinet, les Jean Macé, les Paul Bert, les Jules Ferry, nous ne nous proposons d'autre but que de faire produire à l'Ecole nationale cette action éducatrice et moralisatrice que la démocratie en attend.

Et en quel temps ce devoir a-t-il été plus pressant, et quand plus impératif, alors que nos adversaires s'efforcent, par une tactique insidieuse et savante, de reprendre et déformer l'esprit des enfants que nos éducateurs nationaux élèvent dans le culte de la République.

Pour déjouer cette manœuvre dangereuse et perfide entre toutes, d'excellents citoyens multiplient les patronages laïques, les sociétés de sport et de préparation militaire. Ce sont eux qui ont fait surgir les Petites A. par milliers et fortifient l'Ecole par une activité de tous les jours et de tous les instants. Volontaires de l'enseignement, ces hommes viennent, au soir des journées de labeur, travailler encore à la formation intellectuelle et morale des adolescents, guider de leurs conseils ceux qui ont déjà pris contact avec la vie pratique, les aider de leur expérience et raviver dans leurs intelligences le flambeau scolaire que tant d'influences néfastes conspirent à éteindre.

L'honneur de ceux qui se pressent autour de vous, Monsieur le Président, en une foule ardente et émue, est de comprendre ce qu'il y a de noble dans cette lutte contre l'ignorance, de nécessaire dans la défense de l'Ecole, d'inéluctable dans le devoir laïque.

A vous, chef du gouvernement républicain, et au législateur la mission plus haute, qui dépasse nos initiatives individuelles, de défendre l'Ecole laïque contre les attaques qui la menacent dans sa mission éducatrice et de protéger ses maîtres contre les outrages auxquels ils ne sont que trop souvent en butte. A vous de réprimer les écarts et les abus d'une liberté que nous, républicains, nous devons à nous-mêmes et à nos doctrines — ainsi que vous nous l'avez si justement dit dans une autre enceinte, — de respecter dans son principe essentiel et ses manifestations légitimes.

Monsieur le Président, votre présence au milieu de nous en cette solennité nous est une sûre garantie et une formelle assurance que nous avons en vous un très ferme défenseur de l'idée laïque. Cette garantie et cette assurance, nous les acceptons avec confiance et nous sommes heureux, à notre tour, de vous exprimer notre dévouement indéfectible à la politique démocratique et laïque que vous personnifiez avec une si haute autorité.

Le Rapport Général

La parole est ensuite donnée à M. Ch. Guerlin de Guer, Professeur au Lycée Malherbe, pour la lecture du Rapport général.

Monsieur le Président du Conseil,

Le 4° Congrès des Petites Amicales laïques de l'Académie de Caen, auquel vous faites le grand honneur de présider sa séance de clôture, comptera dans les annales postscolaires.

Votre présence, Monsieur le Ministre de l'Instruction publique, et celle de vos trois collègues lui donnent un éclat inaccoutumé.

J'ajoute que la présence de M. Ferdinand Dreyfus, sénateur de Seine-et-Oise, président de la Fédération des délégués cantonaux, celle aussi de M. le docteur Lachaud, député de la Corrèze, rend plus significative encore notre manifestation.

Enfin, comme nous avions bien travaillé ; comme, selon l'attestation de notre éminent, de notre cher Président Édouard Petit, comme « nous avions été bien sages », nous avons eu, ce matin, notre récompense. Et quelle récompense, Messieurs ! il nous était donné d'entendre la parole, je ne dis pas éloquente — ce serait trop peu dire — mais superbement vibrante et vivante de M. Hugues Le Roux, qui nous a charmés, conquis, subjugués.

J'ai dit que nos congressistes avaient fait de sérieuse besogne. Le travail, d'ailleurs, leur avait été singulièrement facilité pas les rapporteurs spéciaux de nos quatre commissions : Mme Bois, professeur à l'École normale d'institutrices ; MM. Balland, inspecteur primaire à Caen ; Lescoffier, professeur au Lycée Malherbe ; Pain, directeur d'école.

Les discussions se poursuivirent avec une méthode rigoureuse au sein des commissions présidées par Mlle Schreck, directrice de l'École normale d'institutrices; MM. Grand, inspecteur d'Académie du Calvados; Beaufils, inspecteur primaire à Rouen, et Boulan, inspecteur primaire à Cherbourg.

Ssans doute autant que dans nos assises régionales antérieures, nous avons, à Caen, remué beaucoup d'idées. Le présent congrès, toutefois, s'inspirant d'un sage conseil, s'est astreint à ne formuler qu'un petit nombre de vœux, faisant porter tout l'effort des débats sur quelques problèmes seulement, ceux dont la solution lui a paru s'imposer avec plus d'urgence.

Le mérite lui revient d'avoir su préciser les aspirations de l'heure en affirmant la nécessité d'une organisation méthodique des œuvres du lendemain de l'école, sous le régime de l'obligation ; en spécifiant d'autre part que, sans négliger la culture de l'esprit, les travaux des Petites Amicales doivent s'inspirer de tendances pratiques et de préoccupations professionnelles.

Se tournant vers le législateur, il le conjure de « prendre d'ur-
« gence les mesures nécessaires pour que l'obligation scolaire de-
« vienne une réalité, et de voter l'obligation de l'instruction post-
« scolaire ou seconde instruction des deux sexes. » Il le presse aussi
« d'édicter les mesures voulues pour que les apprentis puissent suivre
« des cours techniques et que le temps consacré à ces cours compte
« dans le total de leurs heures de travail légal. »

Il faudrait pourtant se garder de croire, Messieurs, que du jour où sera décrétée l'obligation des œuvres post-scolaires d'enseignement à l'école prolongée, nos petites amicales en seront diminuées. Le vaste réseau de leurs œuvres sociales continuera de s'étendre à l'ombre de l'école et par l'action fédérative de tous ces groupements. C'est alors seulement qu'elles apercevront l'étendue vraie de leurs devoirs.

Habiles à s'adapter aux besoins des régions et aux aptitudes des individus, elles seront les plus diligentes ouvrières du régime nouveau. Le législateur, soucieux avant tout de ne pas présenter l'obligation comme une contrainte, s'appuiera, pour la faire accepter, sur la sympathie qu'elles déterminent, sur l'indépendance de leur action, sur la souplesse de leur activité. Tandis qu'il inscrira le mot dans les codes, elles en répandront l'idée, la feront entrer dans les mœurs et pénétrer dans les cœurs. Par les procédés qui leur sont familiers, elles éviteront que l'enseignement demeure confiné dans le domaine de l'abstraction, qui recevra la vie de leurs lumineuses leçons de choses.

Elles collaboreront avec les pouvoirs publics à l'œuvre essentielle du dépistage des illettrés, obligatoirement soumis à l'examen des recrues. Dans les communes rurales, elles favoriseront, si je puis dire, le réveil d'une mentalité agricole. Dans les centres, elles seconderont l'institution du préapprentissage à l'atelier scolaire. Elles permettront enfin à l'enseignement ménager de se développer avec toute son ampleur dans le sens des nécessités professionnelles.

Instruire non pour l'école, mais pour la vie, voilà certes, Messieurs, une belle devise ; c'est celle du Président de ce Congrès et c'est la nôtre. Il convient qu'elle domine aussi l'ensemble des œuvres ingénieusement diversifiées dont les petites associations ont doté l'adolescence populaire des deux sexes.

Nous verrions avec intérêt toutes les Anciennes, au sortir de l'école, se mettre en devoir de procéder à la confection du trousseau. Toutefois, la Petite A. féminine doit faire plus encore, et donner l'enseignement ménager intégral, qui vulgarise l'art d'embellir à peu de frais le foyer domestique, afin d'arracher l'homme au cabaret, et qui propage les pratiques modernes de la puériculture, afin d'arracher les enfants à la mort.

« Par l'enseignement ménager, dit le rapporteur de la 4ᵉ commission, la jeune fille s'adapte à son milieu. » J'ajoute qu'à cette école elle fait son apprentissage de femme et son apprentissage de mère.

Par la pratique du stand et du gymnase, l'employé de bureau, l'ouvrier de l'usine et l'ouvrier des champs font aussi leur apprentissage. En prenant soin de leurs corps, nous n'acceptons pas le reproche de mettre notre espoir dans une France purement sportive. L'éducation physique n'est pas un but, elle est un moyen : elle forge des soldats et des hommes. C'est pourquoi les sociétés sportives affiliées aux S. A. G., renforcées de toutes les petites sections qu'entretiennent et que favorisent nos Amicales, se sont résolument spécialisées dans la préparation du brevet d'aptitude. Elles deviennent, comme on l'a dit, « des centres de préparation prérégimentaire ».

Dans cet esprit, le Congrès émet le vœu « que l'éducation phy-
« sique soit rendue effectivement obligatoire, notamment dans les
« Petites A. et les Écoles normales ; qu'elle s'enseigne suivant une
« méthode scientifique, unique et progressive ; que chaque commune
« ou centre intercommunal organise une section de préparation mi-
« litaire qui dispose d'un champ de tir à l'arme de guerre et de muni-
« tions fournies par l'État. »

Enfin, grâce à la pratique de la mutualité prolongée, les adolescents confiés à notre sollicitude font leur apprentissage de citoyen. Par l'intermédiaire des Amicales, s'opérera le passage entre le dernier versement de la cotisation scolaire et le premier versement de la cotisation obligatoire des retraites. « Nous devrons, comme l'a si judicieusement suggéré M. le Ministre du Travail, enseigner aux écoliers d'hier qu'ils peuvent avec leurs livrets accroître encore la pension de retraite ouvrière et paysanne. » Nous devrons leur enseigner aussi la puissance de l'épargne, tout en nous appliquant à l'orienter vers les œuvres d'entr'aide et d'hygiène sociale, telles que les colonies sanitaires et la propagande antialcoolique.

J'en viens, Messieurs, à notre action proprement intellectuelle et morale.

Nous avons pourvu l'adolescent sinon d'un métier, du moins des moyens d'y parvenir ; par nos offices de placement, nous l'avons aiguillé vers sa profession ; mais qui donc serait assez irréfléchi pour oser prétendre que notre patronage s'arrête là ? Une mission plus haute s'impose à nous, qui est de récréer son esprit et de le cultiver, d'épurer sa conscience et d'éclairer les impulsions de son cœur à la lumière de la raison.

Les Petites A, vous le savez, Messieurs, multiplient les causeries éducatives et les fêtes. Mais un obstacle matériel s'oppose parfois à leur développement : il arrive que les municipalités fassent valoir leur droit de refuser l'usage du local scolaire pour des exercices extra-scolaires. Puisque les circonstances ne permettent pas toujours, comme à Saint-Georges-du-Vièvre, l'édification d'une maison de l'Adolescence, où les Amicalistes soient bien chez eux, le Congrès est d'avis « que dans tout projet de construction scolaire, il soit « désormais prévu une salle destinée au fonctionnement des œuvres » ; que, d'autre part, et pour le présent, « sur la seule autorisation pré- « fectorale, les Petites A et les patronages d'école publique puissent « toujours faire usage des locaux scolaires pour les œuvres complé- « mentaires de l'école. »

Les fêtes sont donc la tâche d'élection des Petites A ; elles s'y appliquent avec une ardeur touchante, qu'on voudrait voir se tempérer de l'esprit de méthode et s'inspirer toujours du sentiment de la mesure et du goût. Il faut, dans les soirées d'amicales, faire sa part au rire, mais qu'il évite la vulgarité ; sa part à la chanson, mais qu'elle soit la bonne et vieille chanson française.

Quant aux lectures et causeries, — je n'ose parler de conférences par effroi du pédantisme — elles se présenteront en groupes logiquement ordonnés, afin qu'il s'en dégage un enseignement durable ; elles simplifieront et vulgariseront sans banalité toutes les connaissances humaines, jusqu'aux plus élevées, car rien n'est trop élevé pour qui veut l'entendre et si l'on sait le faire entendre.

Nous ouvrirons ainsi la conscience du peuple à la vie de l'esprit et, suivant la noble expression d'un des nôtres, nous lui reconnaîtrons le droit aux *Petites Humanités*, à la clarté desquelles se formera l'étudiant des Universités populaires de demain.

Le Congrès qui s'achève s'est efforcé, dans l'étude des questions mises à son ordre du jour, de chercher pour chacune d'elles la formule définitive. Il n'ose avoir la prétention de hâter l'heure où sera promulgué le statut de l'adolescence ouvrière et rurale. Mais il s'assure que cette fête aura son lendemain.

Le bel enthousiasme juvénile de nos militants postscolaires, leur forte conviction d'apôtres laïques doit provoquer la création de nouveaux groupements. Nous verrons nos Petites Amicales, toujours plus nombreuses, et gagnant de proche en proche tous les villages de France, fournir à chaque école sa garde d'honneur, debout pour la défendre ; nous les verrons, s'appuyant sur la collaboration harmonieuse de tous les bons citoyens, contribuer à former une France nouvelle, riche de toutes ses énergies latentes et de ses espérances, mais plus nettement consciente des réalités, marchant droit à l'avenir, l'œil clair et le front haut, dans une pure pensée de fraternité républicaine.

Le discours de M. Louis Barthou

Enfin, M. Barthou, Président du Conseil, Ministre de l'Instruction publique, prononce l'admirable discours, dont le retentissement fut grand, — éloquente apologie de l'École laïque, — et dont nous regrettons de ne pouvoir reproduire que de courts fragments.

« En venant ici, dit le Premier Ministre, j'ai tenu à accomplir un devoir, le devoir de ma fonction. Comme ministre de l'Instruction publique, ma place était marquée parmi vous, et je ne pouvais me dérober à l'appel qui m'était adressé sans commettre une défaillance que vous auriez pu justement me reprocher.

« L'École laïque peut compter sur nous ; ses instituteurs, ses maîtres peuvent être assurés de notre dévouement et de notre concours.

« Voulez-vous me permettre de vous le dire ? J'ai deux titres pour que la sincérité de mes paroles ne puisse être mise en doute par personne.

« D'abord, je me fais honneur d'être le petit-fils d'un homme qui, pendant quarante ans, dans son village, a exercé les fonctions difficiles d'instituteur public (*Vifs applaudissements*), et puis, si je suis allé ailleurs, comme Président du Conseil, porter la parole au nom du gouvernement, je suis venu ici revendiquer ma place comme ministre de l'Instruction publique.

LA DÉFENSE DE L'ÉCOLE LAÏQUE

« Je sais les difficultés contre lesquelles les maîtres ont à lutter; je sais les outrages dont on les abreuve, je sais les menaces sous lesquelles on essaye de décourager leur zèle et d'affaiblir leur ardeur; je sais comment, dans certaines communes, on exerce sur les parents les actions les plus vilaines, les plus basses, pour les détourner d'envoyer leurs enfants à l'école laïque. (*Applaudissements prolongés.*)

« Dans ces écoles, où l'enseignement est surveillé, contrôlé, épié, des enfants sont envoyés par leurs parents, non pour respecter des maîtres, mais pour prendre au passage des paroles que, souvent, ils ne comprennent pas bien. Oui, il y a des parents qui s'oublient jusqu'à faire de leurs enfants, de ces petites âmes naïves et simples, des espions guettant les paroles de leurs maîtres pour les rapporter au dehors. »

Le Président du Conseil s'élève contre de pareils procédés. Il rend hommage au zèle et au dévouement des instituteurs et s'associe aux conseils de prudence qui leur furent donnés par ses prédécesseurs. S'inspirant de la parole d'un homme d'Etat du siècle dernier il déclare que le pessimisme est l'école de l'inaction et du découragement. L'orateur complète cette parole en ajoutant que l'intolérance est un témoignage de faiblesse, ceux-là seuls étant intolérants qui ne sont pas sûrs de la force de leurs idées et du raisonnement de leurs convictions :

« Ceux qui ont foi en eux, en leurs idées, en leurs espérances, sont réellement forts et savent respecter la liberté d'autrui. L'école laïque, sûre d'être défendue par le gouvernement et par le Parlement, se défendra elle-même par la modération, la sagesse et la prudence des instituteurs. L'orage qui gronde au dehors de cette enceinte vous laisse insensibles ; que l'orage qui menace l'école laïque ne vous fasse perdre ni votre calme, ni votre sang-froid ! Vous vaincrez, nous vaincrons ! (*Vifs applaudissements.*)

« Mais ce n'est pas par l'inaction que vous l'emporterez, vous l'avez compris et je vous en félicite, de même que j'applaudis aux résultats obtenus par les Petites Amicales et les autres œuvres post-scolaires. »

La Préparation militaire

M. Barthou, passant en revue les services rendus par ces associations, se réjouit tout particulièrement de leurs efforts en vue de la préparation des jeunes gens au service militaire.

« A cette heure, dit-il, je ne prononcerai pas de parole pessimiste dont la gravité pourrait être interprétée contre mes sentiments et contre les sentiments du gouvernement ; je répéterai ici ce que j'ai dit ailleurs, ce que je ne cesserai de dire, c'est que, si la France tout entière est profondément soucieuse de ses intérêts, de ses droits, de sa dignité, elle est aussi profondément attachée à la paix ; elle sait les désastres qui peuvent naître de la guerre et elle ne la conçoit qu'à la condition qu'elle soit indispensable pour sauvegarder ou l'intégrité de son territoire ou la dignité du nom français. (*Applaudissements.*)

« Résolument attachés à la paix, nous ferons aujourd'hui comme hier, demain comme aujourd'hui, dans le concert des nations européennes, tout ce qui pourra dépendre de notre initiative ou de notre action pour la maintenir. (*Nouveaux applaudissements.*)

Sachons être prêts

« Mais la paix dépend-elle de la volonté des hommes ? Est-il un homme qui puisse jeter dans l'avenir un regard tellement clair, tellement prophétique, tellement sûr, qu'il puisse affirmer que cette paix sera une paix durable ?

« Et si, par malheur, cette paix, un jour quelconque, venait à être menacée, — je ne dis rien d'actuel, et qu'on n'attribue pas à mes paroles une portée qu'elles n'ont pas ; qu'on ne leur donne pas une interprétation contre mon sentiment, — si un jour venait où l'intérêt de notre pays, sa dignité, sa fierté, son honneur dans le monde exigeaient que la France eût à relever un défi, il faudrait que la France fût prête.

« Il y a un devoir pour les citoyens, comme pour le gouvernement. J'ai dit comment le gouvernement entend le sien ; mais, à côté, il doit y avoir des initiatives privées. La vôtre est utile, car par vos soins les jeunes gens appelés sous les drapeaux ont déjà reçu un commencement d'instruction militaire.

« Je parle devant des républicains qui ont au cœur l'amour sacré de la Patrie ; cette Patrie, nous la vénérons, nous l'aimons dans le passé, dans sa longue histoire, pour les services qu'elle a rendus à la civilisation, pour l'éclat de son génie, pour le renom de ses penseurs, de ses savants, de ses poètes ; nous l'aimons, notre France pour ses victoires et pour sa gloire, pour ses prodigieuses moissons de gloire, telles qu'aucun peuple ne peut entrer en comparaison avec elle ; nous l'aimons pour ce qu'elle a donné de grand et de beau au monde, pour ce qu'elle nous a donné de glorieux ; nous l'aimons aussi parce qu'elle a été malheureuse et parce qu'elle a souffert ; nous l'aimons comme nous aimons mieux notre mère quand nous sentons sa douleur, sa tristesse.

Un salut a Jeanne d'Arc

« Ces défaites, il ne faut pas qu'elles se renouvellent ; il faut nous préparer à ne pas en subir ; il faut être prêts, si l'heure vient jamais, à remplir notre devoir de Français. Je sais que vous y travaillez ici et que vous inculquez, en même temps que l'amour de la République, la ferveur passionnée de la Patrie. Aussi pouvons-nous, en ce jour, nous unir pour saluer cette pure héroïne de la Lorraine, qui sauva la Patrie et qui n'appartient à personne (*Vifs applaudissements*), dont personne ne peut revendiquer le monopole, parce que ce serait renier, trahir, j'allais presque dire prostituer sa noble mission, sa gloire pure et immortelle que de vouloir la rabaisser au profit d'un parti quelconque.

« Nous, républicains et patriotes, nous saluons avec le même respect reconnaissant, avec la même admiration, cette Jeanne, la Lorraine royaliste, qui a sauvé la patrie, et ces immortels qui, comme Hoche et Marceau, ont à la fois servi la patrie et immortalisé la République. »

Cette péroraison, s'inspirant du plus pur patriotisme, fut saluée d'une double salve d'applaudissements par la salle tout entière, qui fit au Premier Ministre une longue et superbe ovation.

Et c'est dans cet enthousiasme laïque et républicain que s'achevèrent les assises du 4° Congrès régional des « Petites A. » de l'Académie de Caen.

Pièces Annexes

1. — Comité d'Honneur et Comité d'Organisation du Congrès

1º Comité d'Honneur

MM. GASQUET, Directeur de l'Enseignement Primaire au Ministère de l'Instruction Publique ;
HENDLÉ, Préfet du Calvados ;
TILLAYE, Sénateur du Calvados ;
LE CHERPY, Député du Calvados ;
FABRY, Premier Président à la Cour d'Appel de Caen ;
ABORD, Procureur général près la Cour d'Appel de Caen ;
MONIEZ, Recteur de l'Académie de Caen ;
Général LÉAUTIER, Commandant la 10º Brigade d'Infanterie;
DESSOYE, Député de la Haute-Marne, Président de la Ligue française de l'Enseignement ;
ROBELIN, Secrétaire général de la Ligue française de l'Enseignement ;
PERROTTE, Maire de Caen, Conseiller général.
GIDON et NICOLAS, Adjoints au Maire de Caen ;
TESNIERE, Vice-Président du Conseil général ;
GALLIER, Conseiller général ;
PICARD, Conseiller général ;
PEYRE, Trésorier-Payeur général du Calvados ;
MM. les Inspecteurs d'Académie du Calvados, de l'Eure, de la Manche, de l'Orne, de la Seine-Inférieure.
MM. les Directeurs d'École Normale d'Alençon, Caen, Évreux Rouen et Saint-Lô.
MM. les Inspecteurs primaires de Caen et Rouen ; Évreux et Bernay ; Saint-Lo, Cherbourg, Coutances, Mortain et

Valognes; d'Argentan, Domfront et Mortagne; Rouen (1re et 2e Circonscription), Dieppe; Le Havre, Yvetot et Neufchâtel; Le Mans, La Flèche, Mamers et Saint-Calais.

2° Comité d'Organisation

MM. Jules CABOUAT, Professeur à la Faculté de Droit, Adjoint au Maire de Caen, *Président ;*
TOUSSAINT, Directeur de l'Ecole Normale de Caen, *Vice-Président ;*
MEUNIER, Directeur de l'Ecole Primaire Supérieure, *Secrétaire ;*
SÉBILLAUT, Professeur à l'Ecole Primaire Supérieure, *Trésorier.*

Membres

Mme BOIS, Professeur à l'Ecole Normale d'Institutrices ;
Mlle RENOUF, Directrice d'Ecole, à Caen ;
MM. ADDE, Secrétaire de l'Académie ;
BALLAND et BOIS, Inspecteurs primaires à Caen ;
BEAURAIN, Négociant ;
BOULANGER, Négociant ;
CALLOUET, Chef de bureau à la Préfecture ;
CHÉDOT, Avocat, Conseiller municipal ;
CHEMIN, Instituteur adjoint ;
DEVAUX, Président de l'Union Commerciale ;
DUFOUR, Président de la Délégation cantonale ;
FÉRET, Employé de commerce ;
FONTAINE, Directeur d'assurances ;
FONTAINE, Professeur de musique ;
FRAPARD, employé à la 5e Division des Chemins de fer ;
FRILEY, Juge de Paix ;
GABRIEL, Conseiller municipal ;
GUERLIN DE GUER, Professeur au Lycée Malherbe ;
HUET, Employé de commerce ;
JUIN, Rédacteur à la Direction des Postes ;
LAURET, Inspecteur d'Académie honoraire ;
LESELLIER, artiste peintre ;
LEMAITRE, Instituteur adjoint ;
LEMARCHAND, Directeur d'Ecole ;

MM. LESCOFFIER, Professeur au Lycée Malherbe;
LORTET, Préparateur à la Faculté des Sciences;
MAHÉ, Employé de commerce;
MOLLIER, Négociant, Conseiller municipal;
NICOLAS, Adjoint au Maire;
D' NOURY, Professeur à l'Ecole de Médecine;
PAIN, Directeur d'Ecole;
QUATRAVAUX, Ingénieur, Conseiller municipal;
RAPHAEL, Maire de Frénouville;
REIBEL, Préposé en Chef de l'Octroi;
RICHER, Directeur d'Ecole;
SIMON, Professeur au Lycée Malherbe;
TABON, Représentant de commerce;
VENOT, Chef de gare principal.

II. — Sociétés ayant pris part au Congrès

Calvados

AUNAY-SUR-ODON. — *La Fédérale du Calvados* (Union des sociétés de tir et de préparation militaire du Calvados). — Pr., Mesrouze, instituteur à Aunay-sur-Odon; V. P., Anne, instituteur à Boulon; Lebellec, instituteur à Culey-le-Patry; S., Rouelle, instituteur à May-sur-Orne; Tr., Manson, horticulteur à Anisy; Hélie, instituteur à St-Aubin-sur-Mer; — 2.800 m. act.; 2 m. hon.

BAYEUX. — *Association amicale des anciens élèves de l'Ecole mutuelle Létot.* — Pr., Jeanne; V. P., Thieulin; S., Seigle; T., Collet. — 110 m. act.; 75 m. hon.

Association des anciens élèves et amis de l'Ecole de la rue Saint-Laurent. — Pr., Daubert, bijoutier; V. P., Gosselin, courtier; S., Paulmier, instituteur-adjoint; T., Martine, négociant. — 110 m. act. 2 m. hon.

Cantines scolaires laïques de filles de Bayeux. — Pr°, Mme Morlent; V. P^{es}, Mme Le Hartel, Mlle J. Abraham; S. Tr., Mme Deshayes. — 14 m. act.; 110 m. hon.

Groupe bayeusain de la Ligue de l'Enseignement. — Pr., Bazin, avoué; S., Godal, professeur au collège; T., Lalouet, percepteur retraité. — 96 m. act.

BEAUMONT-EN-AUGE. — *Amicale des anciens élèves de l'école des garçons.* — Pr., Delfaure; V. P., Paul Gabrielle, à St-Etienne-la-Thillaye; S., Sublard; Tr., Fieschi. — 87 m. act.

BELLENGREVILLE. — *Œuvre du Trousseau, patronage laïque de filles.* — P^{re}, Mme Guerin ; S., Mme Folliote ; T. Mme Lambkin. — 10 m. act.

BIÉVILLE-EN-AUGE. — *Œuvre de bienfaisance des anciens et anciennes élèves de l'Ecole de Biéville et Quetiéville.* — Pr., Jamot, maire de Biéville ; V. P., Ramel, conseiller d'arrondissement à Quetiéville ; S. Tr., Bernard, instituteur. — 156 m. act.

BOURGUÉBUS. — *Association républicaine du canton de Bourguébus.* — Pr., Olivier, instituteur honoraire à St-André ; V. P., Caval, Jules ; S., Dr Loppé ; Tr., Queudrus. — 235 m. act.

CAEN. — *Amicale des anciens Elèves de l'Ecole normale d'instituteurs.* — Pr., Le Hoc, maire de Deauville ; V. P., Toussaint, directeur de l'Ecole normale ; S., Richer, directeur d'école à Caen ; Tr., Lemarchand, directeur d'école à Caen. — 458 m. act.

Amicale des anciennes Elèves de l'Ecole normale d'institutrices. — P^{re}, Mlle Renouf, directrice d'école à Caen ; V. P., Mme Suard ; S., Mme Mahieu, directrice de l'école annexe ; Tr., Mme Délande, institutrice à Caen. — 140 m. act.

Amicale des anciens Elèves de l'Ecole primaire supérieure. — Pr., Lemaître, instituteur adjoint à Caen ; V. P., Ferré, instituteur adjoint à Falaise ; S., Robiquet, employé à la préfecture ; T, Enault, courtier de commerce. — 119 m. act., 25 hon.

Cercle caennais de la Ligue de l'Enseignement. — Pr., Jules Cabouat, professeur à la Faculté de droit ; V. P., Toussaint, directeur de l'Ecole normale ; S. Meunier, directeur de l'Ecole primaire supérieure ; T., Sébillaut, professeur à l'Ecole primaire supérieure. — 245 m. act.

Club Malherbe caennais. — Pr., M. André Detolle, ; V. P., Henri Françoise et Henri Pigis ; S., Maurice Gallois ; Tr., Victor Mullois. — 130 m. act., 45 m. hon.

Colonies de vacances. — P^{re}, Mme Hendlé ; V. P, Mme Moutier ; Mme Perrotte, M. Potigny ; S., Devaux ; Tr., Mésaise. — 300 m. hon , 130 à 150 enfants admis chaque année.

Jeunesse laïque. — Pr., Bailly ; V. P., Drouet ; S., Fleury ; Tr., Fursy. — 58 m. act., 25 m. hon.

Œuvre du Trousseau de l'école de la rue de Branville (dentelle aux fuseaux). — P^{re}, Mme Detolle ; V. P., Mme Balland ; S., Mlle Ciavaldini ; Tr., Mme Massieu. — 42 m. act., 8 m. hon.

Œuvre du Trousseau de l'école de la place Reine-Mathilde. — P^{re}, Mme Lion ; S., Mlle Mésaise ; T., Mme Bacon. — 1 m. d'honneur, 69 m. act., 30 m. auxiliaires.

Œuvre du Trousseau de l'école St-Julien. — Pr°, M¹¹ᵉ Denise Moniez; S., M¹¹ᵉ Perrotte; Tr., M¹¹ᵉ Hamelin, directrice de l'école. — 20 m. act.

Œuvre du Trousseau de l'école du Vaugueux. — Pr°, Mᵐᵉ Weill; V. P., M¹¹ᵉ Jardin, M¹¹ᵉ Mésaise; S., M¹¹ᵉ Perrotte; Tr., M¹¹ᵉ Renouf. — 83 m. act.

Orphéon scolaire, sous le patronage du Cercle Caennais. — Directeur, Le Marchand, directeur de l'école de la rue de Geôle. — 64 m. act.

Patronage Jules Ferry (école de la rue de Geôle). — Pr., Nicolas, architecte du département; V. P., Lauret, inspecteur d'Académie honoraire; Gabriel, négociant; Venise, ébéniste; S., Huet, tailleur, et Vincent, imprimeur; Tr., Mollier, négociant; Tr. adj., Lesellier, artiste peintre. — 120 m. act., 234 m. hon.

Patronage Jean-Macé (école de la rue Bicoquet). — Pr., Guerlin de Guer, professeur au lycée; V. P., Adde, secrétaire de l'Académie; Dufresne, horloger; S., Richer, directeur de l'école; T., Tabon, propriétaire. — 80 m. act., 150 m. hon.

Patronage de Vaucelles (école de la rue Général-Decaen). — Pr., Venot, chef de gare principal; V. P., Boulanger, négociant; Pontillon, employé de chemin de fer; S., Frilley, juge de paix; Tr., Hébert, secrétaire de commissaire de police. — 110 m. act., 176 m. hon.

Patronage du Vaugueux (école des filles). — Fondé par l'association des anciennes élèves du Collège de jeunes filles et dirigé par 10 membres de l'association. — 102 enfants.

Société des anciennes Elèves de l'école de la Folie. — Pr°, M¹¹ᵉ Danguy, directrice de l'école; V. P., Mᵐᵉ Vaulégeard; S. Tr., M¹¹ᵉ Danguy. — 4 m. act.

Société des Elèves et anciens Elèves de l'école des garçons de la Maladrerie. — Pr., Leterrier, directeur de l'école. — 45 m. act.

Société de gymnastique, de tir et de préparation militaire. — Pr., Meunier, directeur de l'Ecole primaire supérieure; V. P., Detolle, négociant; S., Doublet, directeur d'école; V. S., Frapard, employé à la Gare; Tr., Reibel, directeur des octrois. — 120 m. act., 104 m. hon.

Mutualité scolaire du département. — Pr., Grand, inspecteur d'Académie; V. P., Balland, inspecteur primaire à Caen; Lecordeux, inspecteur primaire à Falaise; S. Tr., Martin, directeur d'école à Caen. — 3.065 m. act., 29 m. hon.

COLLEVILLE-SUR-ORNE. — *La Collevillaise* (société de tir). — Pr., Chapelle; V. P., Le Corsu et Coqueret; S., Bréfort; Tr., Pain. — 22 m. act., 21 m. hon.

CONDÉ-SUR-NOIREAU. — *Association amicale des anciens Elèves des écoles publiques de Condé-sur-Noireau.* — Pr., Desloge, directeur de l'école St-Sauveur ; V. P., Guérard, receveur municipal ; S , Perrinne, directeur de l'école St-Martin ; Tr., Burger, comptable — 70 m. act., 6 m. hon.

CRICQUEVILLE-EN-BESSIN. — *Les Amis de l'Ecole* — Pr., Lenoir ; V. P., Leroux ; S., Moitié ; T., Guelinel. — 43 m. act., 5 m. hon.

CROUAY. — *La Fraternelle* (société de tir). — Pr., Adam ; V. P , Dubourg ; S., Dufay ; Tr., Le Brun. — 60 m. act., 35 m. hon.

DEAUVILLE. — *Amicale des anciens Elèves de l'Ecole.* — Pr., Salongue ; V. P., Lependry et Riette ; S., Piperel, directeur de l'école ; Tr., Bréfort — 100 m. act., 100 m. hon.

EVRECY. — *Œuvre du Trousseau.* — Pr^e, Mme Lespagnol ; V. P^e, Mme Hauttement ; S., Mme Decaindry ; Tr., Mlle Lutirand. — 24 m. act., 19 m. hon.

FALAISE. — *Cercle falaisien de la Ligue de l'Enseignement.* — Pr., Lesage, professeur au Collège ; V. P., Saint-Martin ; S., Bouvet, secrétaire de la sous-préfecture ; Tr., Guilloteau. — 200 m. act.

FRÉNOUVILLE. — *La Patriote* (société de tir). — Pr., Raphaël, maire ; V. P., Blais et Rocques ; S. Tr., Lemarié, instituteur. — 98 m. act., 8 m. hon.

GRANDCAMP-LES-BAINS. — *Association des anciennes élèves de l'école des filles.* — Pr^e, Mlle Anchin ; V. P^e, Mlle Tostain ; S., Mlle Blot ; Tr., Mme Laurent. — 45 m. act., 5 m. hon.

HONFLEUR. — *Amicale des Elèves et anciennes Elèves de l'Ecole de la rue aux Chats.* — Prés d'honneur, Mme Ruffin, directrice de l'école ; Pr^e, Mme Bacon, adjointe à l'école ; V. P., Mlle Devillers, adjointe à l'école ; S., Mlle Percot, adjointe à l'école ; T., Mlle Bacaille, adjointe à l'école. — 44 m. act., 10 m. hon.

IFS. — *Amicale des anciennes élèves de l'Ecole des filles.* — Pr^e, Mme Lamare ; V. P., Mlle Moulin ; S., Mme Lemarchand ; Tr., Mlle Rossignol. — 35 m. act., 15 m. hon.

ISIGNY-SUR-MER. — *Association amicale des anciens Elèves de l'Ecole des garçons.* — Pr., Fortin, agréé au tribunal de commerce ; V. P., Langlois, pâtissier ; S., Bailly, employé de commerce ; Tr., Buquet, employé de commerce ; — 130 m. act., 40 m. hon.

LESSART-LE-CHENE. — *Amicale de l'Ecole des filles.* — Pr^e, Mme Canet ; V. P., Mme Fleuriot ; S., Mme Corchon ; Tr., Mme Laval. — 23 m act., 44 m. hon.

La Fraternelle. — Pr., M. Fleuriot ; V. P., M. Chevalier ; S., M. Darcieu ; Tr., M. Lequilerier. — 41 m. act., 14 m. hon.

LISIEUX. — *Amicale Jules-Ferry* (garçons). — *Pr.*, M. Lys ; *V. P.*, Jouveaux ; *S.*, Taron ; *Tr.*, Beaujeu — 140 m. act , 35 m. hon.

Amicale Jean-Macé (garçons). — *Pr.*, Cliquet, vétérinaire ; *V. P.*, Letellier directeur d'école à Clécy, et Bourgrand, avoué ; *S.*, Lemarchand, directeur de l'école Jean-Macé ; *Tr.*, Gauthier, chef de bureau à la mairie. — 65 m. act., 1 m. hon.

Amicale Michelet (filles). — *Pr*, Mme Lys ; *V. P.*, Mme Grente ; *S.*, Mlle Marie ; *Tr.*, Mlle Augustin. — 110 m. act., 16 m hon.

Amicale Paul-Bert (filles). — *Pr*, Mme Régnier, institutrice ; *V. P.*, Mme Guigné, institutrice ; *S.*, Mme Michaut, institutrice ; *Tr.*, Mlle Fanounel, institutrice. — 28 m. act.

Foyer de la Jeune fille. — *Pr*, Mme Groult de Besneray ; *V. P.*, Mlle Lemaître, directrice d'école ; Mme Lys ; *S.*, Mlle Régnier ; *Tr.*, Mlle Prestavoine directrice d'école. — 81 m. act., 39 m. hon.

Jeunesse laïque. — *Pr.*, Lelièvre Remy ; *V. P.*, Jacquiau ; *S. Tr.*, Morel. — 150 m. act., 30 m. hon.

La Lexovienne (société de gymnastique et préparation militaire). — *Pr.*, Bourné, industriel ; *V. Pr.*, Hue, directeur d'école ; Fanounel ; *S.*, Renouf ; *Tr.*, Baudrouet — 90 m. act., 40 m. hon.

LISON — *La Patriote* (société de tir) — *Pr.*, Lebas, Georges ; *V. P.*, Marie, Adolphe ; *S. Tr.*, Trolong, instituteur. — 51 m. act,. 22 m. hon.

LIVAROT. — *Association amicale des anciennes Elèves des Ecoles publiques.* — *Pr.*, Jeanne Rocher ; *V. P.*, Thérèse Larcher ; *S.*, Germaine Guémond ; *Tr.*, Marguerite Le Bossé. — 12 m. act.

MAY-SUR-ORNE. — *Association amicale des anciens Elèves et amis de l'Ecole.* — *Pr.*, Caval, industriel ; *V. P.*, Samson ; *S. Tr.*, Rouelle, instituteur. — 51 m. act., 12 m. hon.

MONTCHAMPS. — *La Fanfare de Montchamps.* — *Pr.*, Madelaine, instituteur ; *V. P.*, Le François, conseiller municipal, *S.*, Léonard, maire ; *Tr.*, Maupas, conseiller municipal. — 22 m. act., 31 m. hon.

NONANT. — *Société amicale des anciennes et anciens Elèves des Ecoles publiques.* — *Pr.*, Guillot, Pierre ; *V. P.*, Catherine, Jacques ; *S. Tr.*, Guillot, Henri. — 71 m. act., 21 m. hon.

NORON-LA-POTERIE. — *Cantine scolaire.* — *Pr.*, A. Pinel ; *S. Tr.*, Gosselin, instituteur. — 32 m. act.

PONT-L'ÉVÊQUE. — *Association amicale des anciennes Elèves.* — *Pr*, Mlle Martin ; *V. P.*, Mme Guillemenet ; *S.*, Mlle Lemarchand ; *Tr.*, Mme Roussel. — 25 m. act., 20 m. hon.

Union des délégués cantonaux de l'arrondissement. — *Pr.*, Le Hoc, maire de Deauville ; *V. P.*, Lasserre, conseiller général à Trouville ;

Dumont, propriétaire à Honfleur; S., Billard, greffier de paix à Blangy-le-Château; *Tr.*, Borel, négociant à Pont-l'Evêque. — 89 m. act.

REVIERS — *Société de tir des anciens Elèves et amis de l'Ecole.* — *Pr.*, Jardin, maire; *V. P.*, Basley, instituteur; *S. Tr.*, Queudeville. — 23 m. act., 4 m. hon.

RIVIERE-SAINT-SAUVEUR (LA). — *Association amicale des anciens Elèves de l'école des garçons.* — *Pr.*, Lecarpentier; *V. P.*, Louvrier et Lemaître; *S.*, Hue, Marcel; *Tr.*, Genvrin. — 85 m. act.

SAINT-DÉSIR-DE-LISIEUX. — *Association des anciens élèves et maîtres de l'Ecole de St-Désir.* — *Pr.*, Tribouillard, photographe; *V. P.*, Vivran, clerc de notaire; *S.*, Pierre et Delaville, instituteurs; *Tr.*, Durand, sabotier. — 102 m. act., 12 m. hon.

SAINT-GERMAIN-DE-LIVET. — *L'Union Amicale* (société mixte de tir et d'anciens élèves). — *Pr.*, Buisson; *V. P.*, Fortin; *S.-Tr.*, Lesage, instituteur. — 71 m. act., 14 m. hon.

SAINT-MANVIEU. — *Société de tir.* — *Pr.*, Pelpel; *V. P.*, Lechevallier; *S. Tr.*, Lebrethon. — 21 m. act., 6 m. hon.

SAINT-MARTIN-DE-LIEUE. — *Pr.*, Alcide Lefrançois; *V. P.*, Gustave Pitrou *S.*, Eugène Lemarchand, instituteur; *Tr.*, Henri Hamel. — 75 m. act.

SAINT-PIERRE-SUR-DIVES. — *La Jeunesse* (société de gymnastique). — *Pr.*, Lebertre; *V. P.*, Dujourdain; *S. Tr.*, Le Bart, directeur de l'école. — 74 m. act., 90 m. hon.

SAINT-SYLVAIN. — *La Saint-Sylvanaise* (société de tir). — *Pr.*, docteur Enouf; *V. P.*, Rebourg; *S.*, Aubey, instituteur; *Tr.*, Germain. — 39 m· act.

TROUVILLE-SUR-MER. — *Association amicale des anciens Elèves de l'Ecole de Trouville.* — *Pr.*, Hervé; *V. P.*, Cheringou et Lemazurier; *S.*, Tison; *Tr.*, Boulet. — 86 m. act., 68 m. hon.

Association amicale des anciens Elèves de l'Ecole d'Hennequeville. — *Pr.*, Folliot, instituteur; *V. P.*, Lefèvre, cultivateur; *S. Tr.*, Folliot. — 30 m. act., 12 m. hon.

VILLERS-SUR-MER. — *Amicale de Villers-sur-Mer.* — *Pr.*, Montier, directeur de l'école; *V. P.*, Duprez et Bazin; *S.*, Godard; *Tr.*, Provini. — 42 m. act.

VIRE. — *Œuvre du Trousseau et Patronage des Ecoles communales de filles.* — *Pr.*, Mme Chenel; *V. P.*, Mme Zimmermann; *S.*, Mme Canu; *Tr.*, Mme Hunel. — 78 m. act., 112 m. hon.

Société amicale et Patronage des anciens Elèves des Ecoles publiques et des cours d'adultes. — *Pr.*, Edm. Berger; *V. P.*, Edm. Mahias et Victor Hurel; *S.*, Nar. Gallier; *Tr.*, G. Queillé. — 150 m. act., 110 m. hon.

Eure

BEAUMESNIL. — *Société amicale des anciens et anciennes Elèves des Ecoles laïques de Beaumesnil.* — Pr., Mée, Gustave, conseiller général; V. P., Sainturette, maire du Noyer-en-Ouche; S., Langer, Gustave, cultivateur à Beaumesnil; Tr., Lecerf, huissier à Beaumesnil. — 95 m. act., 35 m. hon.

BEAUMONT-LE-ROGER. — *Société amicale des anciens Elèves de l'Ecole de garçons.* — Pr., Louis Caillot; S., Béranger, instituteur; Tr., Mesnil, directeur d'école. — 87 m. act., 63 m. hon.

BEUZEVILLE. — *Foyer rationaliste.* — Pr., Dr Wagner, à Lieurey; V. Pr., Mme Gouju, institutrice à la Haye-Malherbe; MM. Gombert, instituteur à Bernay; Lefrère, délégué cantonal à Ménilles; Tribouillard, délégué cantonal à Bourg-Achard; S., Chambertin, instituteur à Lieurey; Tr., Hue, instituteur à Beuzeville. — 150 m. act., 90 m. hon.

LA CHAPELLE-GAUTHIER. — *Société de tir.* — Pr., Saussaye, Gustave; V. P., Rais, Emile; S. Tr., Fontaine, A. — 124 m. act.

EVREUX-LA-MADELEINE. — *Association des Amis de l'Ecole d'Evreux-la-Madeleine.* — Pr., M. Brard; V. P., Mlle Legrand; S., Dublin. Tr., Bigot. — 210 m. act., 80 m. hon.

NORMANVILLE. — *Société amicale des anciens Elèves et Amis de l'Ecole laïque de Normanville.* — Pr., de Glatigny, Jean; V. P., Lemarié, Louis; S., Debleds, Henri; Tr., Langlois, Georges. — 9 m. act., 33 m. hon., 11 m. bienfaiteurs.

PONT-AUDEMER. — *Cercle Pont-Audemerien de la Ligue de l'Enseignement.* — Pr. Dr Harou, maire; V. P., Paul Noyer; S., Laîné, Deglatigny, Renout; Tr., Quesne. — 600 m. act.

SAINT-ANDRE. — *L'Andrésienne.* — Pr., Delaval, directeur d'école; S., H. Charpentier; Tr., G. Nanet. — 17 m. act., 170 m. hon.

SAINT-GEORGES-DU-VIEVRE. — *Amicale de St-Georges-du-Vièvre.* — Pr., Châles, Albert; S., Fontaine, Henri; Tr., Pesqueux, Gaston. — 35 m. act., 348 m. hon.

VERNEUIL-SUR-AVRE. — *Société amicale des anciens Elèves de l'Ecole des garçons.* — Pr., Chemin; V. P., Bret; S., Rosset; Tr., Dada. — 100 m. act., 94 m. hon.

VERNON. — *Cercle vernonnais et régional de la Ligue de l'Enseignement.* — Pr., Renon, rentier à Vernon; V. P., Soligny, instituteur à St-Marcel; Jacquet, rentier à Vernon; S., Gervais, instituteur à Gamilly-Vernon; S. adj., Gagnepain, instituteur à Vernon; Tr., Semat, chef de poste des contributions indirectes à Vernon; Tr. adj., Aumart, conseiller municipal à Vernon. — 400 m. act.

Manche

BARENTON. — *L'Espérance barentonnaise.* — *Pr.*, M¹¹ᵉ Leliepvre ; *S.*, M¹¹ᵉ Cardine ; *Tr.*, M¹¹ᵉ Roussel. — 45 m. act.

BLOSVILLE. — *Les Amis de l'Ecole laïque.* — *Pr.*, Pépin, Auguste, maire ; *V. P.*, Baudain, Paul, adjoint au maire ; *S.*, Magnien, instituteur ; *Tr.*, Dessoliers, cultivateur. — 11 m. act., 6 m. hon.

CARENTAN. — *Association des anciens Elèves de l'Ecole primaire supérieure.* — *Pr.*, A. Godefroy ; *V. P.*, A. Travert et A. Auvray ; *S.*, O. Leblond ; *Tr.*, H. Desheulles. — 150 m. act., 30 m. hon.

CHERBOURG. — *Association amicale de la Jeunesse laïque*, rue au Blé. — *Pr.*, Chevalier ; *V. P.*, Goguelin ; *S.*, Guesnon ; *Tr.*, Le Bunetel. — 121 m. act., 35 m. don.

Association amicale des anciens Elèves de l'Ecole de garçons de la rue de Tourville et Patronage laïque du Val-de-Saire. — *Pr.*, Cretey, agent technique chef, chevalier de la Légion d'honneur ; *V. P.*, Fossey, directeur de l'école ; *S.*, Urvoy, Inspecteur du service des eaux et éclairage ; *Tr.*, Delauney, commis principal de la marine, retraité. — 328 m. act., 21 m. hon.

Société des Amis de l'Ecole laïque. — *Pr.*, Agneray ; *V. P.*, M¹ᵐᵉ Goupil ; *S.*, Piatte ; *Tr.*, Delafresné. — 120 m. act.

COUTANCES. — *Fédération des sociétés post-scolaires laïques de l'arrondissement de Coutances.* — *Pr.*, Salomon, inspecteur primaire ; *V. P.*, M¹¹ᵉ Regnault, de Périers ; Sanson, adjoint au maire de Coutances ; *S.*, Tardif, avocat ; *Tr.*, M¹¹ᵉ Maréchal, professeur à l'Ecole normale. — 2.900 m. act.

Œuvre du Trousseau de l'arrondissement de Coutances. — *Pr.* M¹¹ᵉ Regnault, à Périers ; *V. Pᵉˢ*, Mᵐᵉˢ Grégoire, Brisemontier, Doutre-Roussel ; *S.*, M¹ᵐᵉ Tardif ; *Tr.*, M¹¹ᵉ Maréchal. — 560 m. act., 35 m. hon.

Société des Amis de l'Ecole laïque. — *Pr.*, Boissel-Dombreval, député ; *V. P.*, Foulon, professeur honoraire ; *S.*, Lebasnier, directeur d'école ; *Tr.*, de Saint-Denis, directeur d'école. — 280 m. act. 1 m. hon. (la ville de Coutances).

GATTEVILLE. — *Société scolaire de Secours mutuels et de Retraites entre Elèves et anciens Elèves des Ecoles publiques laïques de Gatteville.* — *Pr.*, Le Neveu, conseiller d'arrondissement ; *S. Tr.*, Hébert, instituteur. — 181 m. act., 2 m. hon.

VALOGNES. — *Association des anciens Elèves et Amis de l'Ecole laïque de Valognes.* — *Pr.*, Poutas-Larue, avocat ; *V. P.*, Bitouzé, négociant, Lepigeon ; *S.*, Brochard ; *Tr.*, Lesauvage. — 280 m. act.

Cercle Valognais de la Ligue de l'Enseignement. — Pr., Labregère, sous-préfet ; V. P., Mariette Boisville, maire ; Breton, président du Tribunal ; S., Le Paulmier, inspecteur primaire ; Tr., Le Bourgeois, entreposeur des tabacs. — 200 m. act.

La Grande Cavé valognaise. — Pr., Mariette Boisville ; V. P. Lepaulmier ; S., Mme Plaine ; Tr., Benoît. — 570 m. act., 7 m. hon.

VILLEDIEU-LES-POÊLES. — *Amicale laïque de Villedieu-les-Poêles.* — Pr., Eude, directeur de l'école ; V. P., Groult, conseiller municipal ; Leconte, négociant ; S., Lécuyer, professeur au cours complémentaire ; Tr., Laurent-Roussin. — 257 m. act., 138 m. hon.

Orne

ALENÇON. — *Amicale des Anciens Elèves de l'Ecole du faubourg de Courteille.* — Pr., de Saint-Paul, vice-consul d'Espagne ; V. P., Rousseau, secrétaire de l'Inspection académique ; Lasseur, agent-voyer à Pervenchères ; S., Menard, clerc d'avoué ; Tr., Boivin, employé à la Caisse d'Epargne. — 65 m. act., 130 m. hon.

Amicale des Anciens Elèves de l'Ecole laïque d'Ozé. — Pr., Robillard ; V. P., Guille, Christophle ; S , Largerie ; Tr., Boivin. — 278 m. act., 34 m. hon.

Amicale de Montsort. — Pr., Herbinière, Georges ; V. P., Fleury, Louis et Oger ; S., Palmier, Louis, et Jugain ; Tr., Delarue, Alfred et Oger. — 332 m. act., 82 m. hon.

ANCEINS. — *Tir scolaire communal.* — Pr., Lécollier, Aldéric ; V. P., Roger, André ; S., Béchet, Ernest ; Tr., Roger, André. — 20 m. act., 8 m. hon.

ARGENTAN. — *Association amicale des anciens Elèves de l'Ecole publique d'Argentan-Ville.* — Pr., Méheudin ; V. P., Desprès ; S., Borel ; Tr., Drugeon. — 95 m. act., 90 m. hon.

CHAMPSECRET. — *Amicale des anciens Elèves de l'Ecole.* — Pr., Léandre, artiste peintre, chevalier de la Légion d'honneur ; V. P., Bessin, François et Bessin, Hippolyte ; S., Fouré, Achille ; Tr., Langlois, Henri. — 94 m. act., 17 m. hon.

DOMFRONT. — *Mutualité scolaire de la circonscription de Domfront.* — Pr., Pelchat, inspecteur primaire ; V. P., Lerallu, directeur d'école à Flers ; Croisé ; S., Chesneau, secrétaire de la sous-préfecture ; Tr., Loudière, instituteur à la Chapelle-Moche. — 1255 m. act., 4 m. hon.

ECOUCHÉ. — *Association amicale des anciens Elèves de l'Ecole des garçons d'Ecouché.* — Pr., Desmarais ; V. P., Domer, Druet ; S. Tr., Landais. — 110 m. act., 58 m. hon.

LA FERTÉ-MACÉ. — *Société amicale des anciens Elèves de l'Ecole primaire supérieure de la Ferté-Macé.* — *Pr.*, Souvray, directeur de l'école ; *V. P.*, Herbinière ; *S.*, Chenu, Louis ; *Tr.*, Raffray, Henri. — 220 m. act., 32 m. hon.

FLERS. — *Association des anciens Elèves des Ecoles laïques de garçons.* — *Pr.*, Caillot, professeur au Collège ; *V. P.*, Pauthier, M. Cailly ; *S.*, Chaussis ; *Tr.*, A. Cailly. — 350 m. act., 280 m. hon.

Amicale Rolland. — *Pr*, Mlle Bouillon ; *V. P.*, Mlle Leroyer ; *S.*, Mlle Paris ; *Tr.*, Mlle Dromer. — 108 m. act., 76 m. hon.

Amicale Sévigné. — *Pr*, Mlle Poidvin, Alice ; *V. P{es}*, Mlles Foubert, Germaine et Daligault, Germaine ; *S.*, Mlle Alauzen, Marthe ; *Tr.*, Mlle Boiché, Blanche. — 40 m. act., 70 m. hon.

MORTAGNE. — *Mutualité scolaire de la circonscription d'inspection de Mortagne.* — *Pr.*, Beudon, inspecteur primaire ; *V. P.*, Leballay, instituteur à Soligny-la-Trappe ; *S.*, Gousset, instituteur à Bazoches-sur-Huisnes ; *Tr.*, Lanolette, instituteur à Mortagne. — 1.845 m. act., 190 m. hon.

RANES. — *Société amicale des anciens Elèves de l'Ecole et du Pensionnat de Rânes.* — *Pr.*, A. Mallet ; *V. P.*, Gautier ; *S. Tr.*, Mauger, instituteur. *directeur*, Hamard, directeur de l'école. — 160 m. act., 12 m. hon.

SAINT-FRONT. — *Amicale des anciens élèves de l'Ecole de garçons de St-Front.* — *Pr.*, Jehan, adjoint au maire de Domfront ; *V. P.*, Ledemé et Belmel ; *S. Tr.*, Hairie, instituteur adjoint. — 65 m. act., 25 m. hon.

TINCHEBRAY. — *Association amicale des anciens Elèves de l'Ecole laïque.* — *Pr.*, Marie, Albert ; *V. P.*, Besnard, Lucien ; Pringault, Albert ; *S.*, Mégissier, Alfred ; *Tr.*, Durand, Emile. — 123 m. act., 48 m. hon.

VIMOUTIERS. — *Association amicale des anciens Elèves de l'Ecole communale.* — *Pr.*, Lebas, Maurice ; *V. P.*, Lebugle, André ; *S.*, Leroy, Henri ; *Tr.*, Mondey, Jules. — 30 m. act., 108 m. hon.

Sarthe

MAMERS. — *Association amicale des anciens Elèves des Ecoles, primaires élémentaire et supérieure de garçons.* — *Pr.*, L. Morice, instituteur à Le Breil-St-Mérize ; *V. P.*, Corbin, entrepreneur ; Tison négociant à Mamers ; *S.*, Delais, caissier à la recette des finances de Mamers ; *Rr.*, Aubry, commis-greffier au tribunal civil de Mamers. — 175 m. act., 36 m. hon.

Mutualité scolaire de Mamers. — *Pr.*, Lefranc, inspecteur primaire; V. Pr., M¹¹ᵉ Brière, directrice d'École primaire supé͏̈ ͏̈e; Gibert, directeur d'École primaire supérieure; S., Mᵐᵉ Belloi., professeur d'École supérieure; Tr., Belloir, instituteur à Mamers. — 1909 m. act., 167 m. hon.

MAYET. — *La Vigilante.* S. A. G. nº 155. — Pr., Bouteloup, directeur du cours complémentaire; V. P., Piron, conseiller municipal; S., Barbat, instituteur à Mayet; Tr., Pissot, instituteur, à Mayet. — 120 m. act.

SAINT-CALAIS. — *Mutualité scolaire de St-Calais.* — Pr., M. Martin, inspecteur primaire; V. P., M¹¹ᵉ Patoux, directrice d'école primaire supérieure; Lefèvre, directeur d'école primaire supérieure; S., Mᵐᵉ Robert, institutrice; Tr., Robert, instituteur. — 3.406 m. act., 151 m. hon.

Seine-Inférieure

AUMALE. — *Amicale des anciens Élèves de l'École primaire et pensionnat d'Aumale.* — Pr., Sellier, Henri; V. P., Nollent, Raymond; S., Grare, Marcelien; Tr., Picholle, Célestin. — 48 m. act., 56 m. hon.

AVESNES-EN-VAL. — *La Fraternelle avesnoise* (Amicale et tir). — Pr., Cardon; V. P., Venambre; S;, Toussaint: Tr., Dubuc, — 85 m. act., 28 m. hon.

BACQUEVILLE. — *Amicale de Pierreville.* — Pr., Émile Delamare; V. P., Désiré Haulle fils; S. Tr., Lecaulle. — 29 m. act., 6 m. hon.

BARENTIN-VALLÉE. — *Association amicale des anciens Élèves de l'École des garçons.* — Pr., Aubin, directeur de l'école; V. P., Masurier, maçon; S., Chapdelaine, instituteur; Tr., Quetier, instituteur. — 101 m. act., 62 m. hon.

BARENTIN-VILLE. — *Amicale des anciens Élèves de l'École des garçons.* — Pr., Baudet, Edmond; V. P., Mareau, Auguste; S., Hénète, Émile; Tr., Quévremont, Joseph. — 99 m. act., 70 m. hon.

Amicale des anciennes Élèves et amies de l'École des filles. — Prᵉ, C. Duchemin; V. Pᵉ, J. Duchemin; S., J. Caron; Tr., M. Houis. — 41 m. act., 8 m. hon.

BELBEUF. — *Le Rayon de Soleil* (Patronage, Amicale, Trousseau). — Prᵉ, Mᵐᵉˢ Morel et Rault; V. Pᵉ, M¹¹ᵉˢ Frétigny et Marais; S., M¹¹ᵉ Ange Bacquet; Tr., M. Ade Houel. — 45 m. act., 30 m. hon.

BIHOREL-LES-ROUEN. — *Amicale des anciens Élèves de Bihorel-Boisguillaume.* — Pr., Dʳ Maridort; V. P., Dufételle et Candelier; S., Dufételle fils; Tr., Boucher. — 45 m. act., 48 m. hon.

BOIS-L'EVEQUE. — *Amicale laïque des anciens Elèves de l'Ecole.* — Pr., Mauger, Auguste; V. P., Famery, Emile; S., Houlgatte, Jules; Tr., Mauger, Florentin. — 35 m. act., 15 m. hon.

BUCHY. — *Société de Mutualité de l'Enfance.* — Pr., Legourd, conseiller général; V. P., Lhonoré, pharmacien; S., Chovet, instituteur à Ernement; Tr., Morin, instituteur à Buchy. — 406 m. act., 24 m. hon.

DARNETAL. — *Patronage scolaire.* — Pr., Harger; V. P., Roussel; S., Savale, H.; Tr., Harger fils. — 74 m. act., 43 m. hon.

Amicale des anciennes Elèves de l'Ecole de Darnetal-Carville. — Pr., Mme Le Hélec, directrice d'école; V. Pr., Y. Mercier; S., A. Fouquet; Tr., G. Oviève. — 35 m. act., 11 m. hon.

Association amicale des anciennes Elèves de l'Ecole de Longpam. — Pr^e, Mme Cousin, directrice de l'école; V. P., Mlle Em. Petit; S., Mlle Flor. Leclerc; Tr., Mlle Em. Petit. — 46 m. act., 6 m. hon.

DEVILLE-LES-ROUEN. — *Amicale laïque.* — Pr., Houlfort; V. P., Joseph Hue; S., Alph. Quibel; Tr., Aug. Cabot. — 181 m. act., 72 m. hon.

DIEPPE. — *Amicale de l'Ecole des filles de Dieppe-Janval.* — Pr^e, Mlle Blanchard, Victorine; V. P., Mme Bernier, Marie-Thérèse; S., Mlle Foulon, Angèle; Tr., Mlle Auzou, Jeanne. — 30 m. act., 8 m. hon.

ELBEUF. — *Œuvre du Trousseau des écoles publiques du canton.* — Pr^e, Mlle Campon, directrice d'Ecole primaire supérieure; V., P., Mme Herzeg; Mme Olivier; S., Mlle Ehrer, directrice d'école publique; Tr., Mme Levointurier, directrice d'école publique. — 211 m. act., 93 m. hon., 16 m. fond.

FONTAINE-LA-MALLET. — *Union fontainaise.* — Pr., Joseph Desplaces; V. P., Eug. Poupel, Albert Debris; S., J. Godefroy; instituteur; Tr., Aug. Mesnil. — 49 m. act., 5 m. hon.

GOURNAY-EN-BRAY. — *Union gournaisienne.* — Pr., Gazier; V. P., Duhamel; S., Noël, directeur de l'école; Tr., Coeffier — 55 m. act., 120 m. hon.

GRUGNY. — *Chorale mixte de l'Assistance de Grugny.* — Pr., Ed. Dequen; V. P., M. Leneutre; S., Basuyau; Tr., Pruvost, directeur; Candellier fils. — 60 m. act., 45 m. hon.

Œuvre du Trousseau de l'Etablissement départemental. — Pr^e, Mme Ed. Dequen; V. P^e, Mme Leneutre; S., Mme Boulanger; Tr., Mme Candellier fils. — 16 m. act., 8 m. hon.

Société de tir et de préparation militaire. — Pr., Verlaguet, instituteur; V. P., Leneutre, employé d'Economat; S., Lacaille; Tr., Cauville. Directeur, Candellier fils. — 80 m. act, 10 m. hon.

LE HAVRE. — *Amicale laïque des Instituteurs et Institutrices de la Seine-Inférieure.* — Pr., G. Sallé ; V. P., Mmes Tilloy et M. Baudouin ; S., Bosson ; Tr., Jules Briolet. — 1700 m. act.

Amicale rue Beaumarchais (filles). — Pr°, Mlle Duriez ; V. P°, Mlle Campart ; S., Mlle Kirzin ; Tr., Mlle Grange. — 57 m. act., 28 m. hon.

Amicale des anciens Elèves de l'Ecole laïque de la rue Amiral-Courbet. — Pr., Beaucamp, secrétaire de l'Ecole ; V. P., Le Bon et Lebigre ; S., Warnier ; Tr., Nordet. — 120 m. act., 30 m. hon.

Fédération régionale hâvraise des Petites A. — Pr., Léon Meyer, conseiller municipal ; V. P., Basille, directeur d'école ; Gruffoz, ingénieur ; V. Pr^{es}, Mmes Gautois et Duriez, directrices d'école ; S., Vittecoq, directeur d'école ; Tr., Capperon, directeur d'école. — 48 Amicales fédérées. — 4.000 m. act., 95 m. hon.

Patronage laïque hâvrais. — Pr., Léon Meyer ; V. P., Brot ; S., Vignal ; Tr., Basille fils. — 255 m. act., 45 m. hon.

ILLOIS. — *Association amicale.* — Pr., Ternisien, instituteur ; V. P., Larcher, propriétaire ; S., Fournot, agriculteur ; Tr., Lorson, boulanger. — 40 m. act, 14 m. hon.

LILLEBONNE — *Association amicale des anciennes Elèves de l'Ecole Lebigre* — Pr°, Mlle Nouette, directrice de l'école ; V. P., Mlle Lebatteux ; S., Mlle Cottard ; Tr., Mlle Poulain. — 47 m. act., 14 m. hon.

LONGROY. — *Œuvre du Trousseau.* — Pr°, Mme Marchandin ; S., Mlle Sellier ; Tr., Mlle Carpentier. — 42 m. act., 9 m. hon.

LUNERAY. — *Cercle de Luneray de la Ligue de l'Enseignement.* — Pr., J. Colleu ; V. P., Edg. Figué ; S., Guichard ; Tr., C. Chevallier. — 70 m. act.

MAROMME. — *Amicale laïque des anciens Elèves de l'Ecole des garçons.* — Pr., Lambard ; S., Silvestre ; Tr., Cauchy. — 104 m. act., 40 m. hon.

MARQUES. — *Amicale de Marques.* — Pr., Quesnel, maire ; V. P., Petit César ; S., Carment, instituteur ; Tr., Leroux, conseiller municipal — 31 m. act., 30 m. hon.

NOTRE-DAME DE BONDEVILLE. — *Association amicale des anciens Elèves.* — Pr., Thomas ; V. P., Herambourge ; S., Genin ; Tr., Hericher. — 170 m. act., 70 m. hon.

PAVILLY. — *Association amicale des anciens élèves de l'Ecole Pensionnat* — Pr., A. Fréret ; V. P., A. Estur ; S., M Boust ; Tr., G. Bony. — 130 m. act., 22 m. hon.

ROUEN. — *Amicale des anciens Elèves de l'Ecole normale.* — P., Lestang, Directeur de l'Ecole normale ; V. P., Gaillard, Directeur de l'école Bachelet, Rouen ; S., Tenard, professeur à l'École normale ; Tr., Pruvot, Directeur de l'école Mullot, Rouen. — 749 m. act.

Amicale des anciens Elèves de l'Ecole Pouchet. — Pr., Beaupra, Fernand ; V. P., Dubosq, Marius, et Pointel, Emile ; S., Cornier, Gabriel ; — Tr., Cariller. 140 m. act., 19 m. hon.

Laurent de Bimorel. — Pr, Mme Lamorte ; V. P., Mlle Bapeaume ; S., Mlle Gérard ; Tr., Mlle Oncler. — 156 m. act.

Cercle rouennais de la Ligue de l'Enseignement. — Pr., Briois, professeur au lycée ; V. P., Cusson, inspecteur primaire honoraire ; S., Delehaye, chimiste de la Douane ; T., Ridal, ancien conseiller municipal. — 400 m. act.

Société scolaire de mutualité et de retraite. — Pr., Nibelle ; V. P., Rogie et Mme Menat ; S., Graucourt ; Tr., Gaillard. — 5.882 m. act., 75 m. hon.

SANVIC. — *Amicale Aimable Leblond.* — Pr., Lefebvre ; V. P., Paris et Guillemard ; S., Serpette ; Tr., Hérault. — 150 m. act., 30 m. hon.

Amicale Paul-Bert. — Pr, Mme Gantois ; V. P., Mlles Dubosq et Leriche ; S., Mlle Lesimple ; Tr., Mme Prévret. — 70 act., 168 pupilles, 24 m. hon.

SOTTEVILLE-LES-ROUEN. — *Société populaire d'Etudes diverses, Amicale des anciens Elèves des Ecoles publiques.* — Pr., Coquelard, irecteur d'école ; V. P., Poissant et Langlois ; S., Laville et Mabille ; Tr., Beaufils. — 113 m. act., 19 m. hon., 196 auditeurs.

YVETOT. — *Fédération des anciens et anciennes Elèves, des Sociétés scolaires, post-scolaires, des Écoles publiques de l'arrondissement d'Yvetot.* — Pr., Baud, inspecteur primaire ; V. P., Capron, directeur d'école à Yvetot ; S., Goupil, instituteur à Vallequerville ; Tr., Pantin, instituteur à Veauville-les-Raons. — 35 associations.

III. — Rapports et Communications adressés au Bureau du Congrès

1re COMMISSION :

1. — Amicale des Anciens élèves de Barentin-Ville.
2. — Amicale de la rue Amiral-Courbet, Le Hâvre.
3. — Association des Anciens Élèves de Nonant.

4. — Caisse cantonale scolaire de Payilly.
5. — Société populaire d'Etudes diverses (Amicale de Sotteville-lès-Rouen).
   MM.
6. — A. Aublin, Directeur de l'Ecole de Barentin (Vallée).
7. — P. Baglin, Directeur d'École à Vimoutiers.
8. — Chemin, instituteur à l'Ecole de la rue Général-Decaen, à Caen.
9. — E. Delfaure, instituteur à Beaumont-en-Auge.
10. — Deslandes, instituteur à Crouay.
11. — Hébert, instituteur à Gatteville.
12. — Horlaville, instituteur à Grainville-sur-Roy.
13. — Hunel, Inspecteur primaire à Trouville.
14. — J. Lecarpentier, instituteur à Nonant.
15. — C. Louis, Directeur d'Ecole à Alençon.
16. — F. Pigeard, instituteur à l'Ecole du faubourg Courteille, à Alençon.
17. — E. Plessis, Directeur d'Ecole publique à Argentan.
18. — Récéjac, Inspecteur d'Académie de l'Orne, à Alençon.
19. — J. Roberge, instituteur à Ondefontaine.

2ᵉ COMMISSION :

1. — Amicale de filles de l'Ecole Laurent de Bimorel, à Rouen.
2. — Amicale de l'Ecole laïque de la rue Amiral-Courbet, Le Hâvre.
3. — Amicale Jules-Ferry, à Lisieux.
4. — Amicale laïque de St-Benoît et St-André-d'Hébertot.
5. — Amicale de St-Georges-du-Vièvre.
6. — Groupe d'Instituteurs de la Manche.
7. — Patronage laïque Jean-Macé, à Caen.
8. — Société des Amis de l'Ecole laïque à Coutances.
   MM.
9. — A. Decaindry, chef de musique, à Evrecy.
10. — Duval (et Mᵐᵉ), instituteur et institutrice à Montfort-sur-Risle.
11. — Hubert, Inspecteur primaire, Les Andelys.

12. — Mme Jouis, institutrice à Belbeuf, par Rouen.
13. — Madelaine, instituteur à Montchamps.

3ᵉ Commission :

1. — Amicale Jean-Macé, à Lisieux.
2. — Amicale de Montsort, à Alençon.
3. — Association Caennaise des Colonies de vacances.
4. — Club Malherbe Caennais, à Caen.
5. — Patronage Jean-Macé, à Caen.
6. — Société de tir de Guigny, par Clères.
7. — Union des sociétés de sports athlétiques.
   MM.
8. — Chaussis, instituteur à la Chapelle-au-Moine.
9. — Chemin, instituteur à l'Ecole de la rue Général-Decaen, à Caen.
10. — Doublet, Directeur d'Ecole, à Caen.
11. — Hunel, Inspecteur primaire, à Trouville.
12. — Louis, Directeur d'Ecole, à Alençon.
13. — Mesrouze, instituteur à Aunay-sur-Odon.
14. — Moisant, instituteur à Vendeuvre.

4ᵉ Commission :

1. — Amicale de l'Ecole de la rue Beaumarchais, Le Hâvre.
2. — Amicale Paul-Bert, à Sanvic.
3. — Fédération régionale Hâvraise des Petites A
4. — Fédération des sociétés postscolaires laïques, à Coutances.
5. — Œuvre du Trousseau de la rue Branville, à Caen.
6. — Œuvre du Trousseau de la place Reine-Mathilde, à Caen.
7. — Œuvre du Trousseau de l'Ecole de filles de Carquebut.
8. — Œuvre du Trousseau de l'Ecole d'Evrecy.
9. — Œuvre du Trousseau de Longroy.
10. — Œuvre du Trousseau de Pavilly.
    Mmes
11. — Lamorte, Directrice de l'Ecole Laurent-de-Bimorel, à Rouen.

IV. — Distinctions Honorifiques

Officiers de l'Instruction publique

MM. Angot, avoué honoraire à Falaise ; Baudu, délégué cantonal à Barentin ; M‍me Bois, professeur à l'École normale de Caen ; MM. Coutances, maire de Bretteville-sur-Laize ; Delavergne, commissaire de police de Deauville ; Derloche, directeur d'école à Aumale ; Folliot, directeur d'école à Trouville ; Hérissé, juge au tribunal de Falaise ; Retourné, maire de Courseulles-sur-Mer ; Schilte, contrôleur principal des contributions directes, à Lisieux ; Le Boyteux, publiciste à Caen ; Leparmentier, président de la Solidarité Caennaise ; Poutas-Lance, adjoint à Valognes.

Officiers d'Académie

MM. Achard, directeur de la fanfare de Mézidon ; Avenel, conseiller municipal de Caen ; Adam, juge de paix à Bréhal ; Baglin, directeur d'école à Vimoutiers ; Bain, conseiller municipal à Flers ; Bellengreville, directeur d'école au Havre ; Beudon, instituteur à Ivry-la-Bataille ; Blais, instituteur à Putanges ; M‍mes Boudois, directrice d'école à Oissel ; Bacon, directrice d'école publique à Caen ; MM. Beaujan, secrétaire de la sous-préfecture de Lisieux ; Boulogne, instituteur à la Barre-en-Ouche ; Caval, conseiller municipal à May-sur-Orne ; M‍me Ciavaldini, directrice d'école publique à Caen ; MM. Cliquet, président de l'Association amicale des anciens élèves de l'école Jean-Macé, à

Lisieux ; Collen, instituteur à Hault-sur-Mer ; Collet, instituteur à Ségrie ; Crével, maire de Blainville ; Delaunay, commis principal de la marine en retraite, à Cherbourg ; Desloges, instituteur à Condé-sur-Noireau ; Duclos, instituteur à Longny ; Dufresne, vice-président du patronage laïque Jean-Macé, à Caen ; Duval, instituteur à Montfort-sur-Risle ; Eng, publiciste à Vire ; Esnault, professeur à l'école municipale des beaux-arts, à Caen ; Eugène, secrétaire du commissariat central de police de Caen ; Ferey, conseiller général, maire de Nehou ; Mme Jourdrain, directrice d'école au Havre, MM. Franck, substitut du procureur général près la Cour d'appel de Caen ; Fremont, conseiller d'arrondissement, adjoint au maire de Honfleur ; Gabriel, conseiller municipal, vice-président du patronage Jules-Ferry, à Caen ; Gâtey, membre du Comité du patronage Jean-Macé, à Caen ; Gervais, instituteur à Saint-Martin-de-Mieux ; Geslin, instituteur à Montfort ; Godard, directeur d'école à Eu ; Gonnaud, adjoint à Equeurdreville ; Guerlin de Guer, professeur au lycée de Caen ; Hallard, sous-chef de section aux chemins de fer de l'Etat, à Caen ; Mme Hardy, institutrice à Vire ; MM. Jean, instituteur à Tilly-sur-Seulles Labbé, directeur d'école au Neubourg ; Mme Lamorte, directrice d'école à Rouen ; MM. Legrand, homme de lettres à Caen ; Leneveu, instituteur à Villers-Bocage ; Lesomptier, conseiller municipal à Caen ; Leterrier, directeur d'école à Caen ; Letondu, directeur d'école à Brionne ; Loudière, directeur d'école à la Chapelle-Moche ; Mallet, instituteur à Littry ; Mlle Meyer, directrice de cours à Gisors ; MM. Menard, percepteur à Orbec ; Moncel, directeur d'école à Falaise ; Mme Morlent, déléguée cantonale à Bayeux ; MM. Pien, maire de Brionne ; Philippe, directeur d'école à Rouen ; Renault, instituteur à Fyé ; Spicq, gérant des magasins généraux de Caen ; Venise, conseiller municipal à Caen ; Mme Vincent, institutrice à Sainte-Marguerite-de-Viette ; M. Weynachter, conseiller municipal de Boisguillaume.

Officiers du Mérite agricole

MM. Costard, propriétaire à Saint-Désir, et Bourné, propriétaire à Lisieux.

MM. Adnet, propriétaire à Canon ; Brunel, cultivateur au Mesnil-Mauger ; Candon, conseiller municipal à Grandcamp ; Carel, instituteur à Argences ; Chaplain, conseiller municipal à Saint-Martin-de-la-Lieue ; Couraye, conseiller municipal à Dozulé ; Halley, chef de division à la préfecture du Calvados ; Jardin, inspecteur d'assurances, à Caen ; Lamare, maire de Tilly-la-Campagne ; Lapersonne, cultivateur à Ifs ; Lecornu, cultivateur à Saint-Georges-d'Aunay ; Lefèvre, cultivateur à Amayé-sur-Orne ; Lepetit, adjoint au maire de Saint-Pair ; Leprince, adjoint au maire de Firfol ; Lermat, fromager à Chicheboville ; Lesellier, agriculteur à Tournières ; Le Verrier, adjoint au maire, à Blay ; Le Vallois, horticulteur à Villerville ; Moutier, cultivateur, ancien maire de Bernières-d'Ailly ; Mme Multzer, propriétaire à Rocques ; MM. Painturier, à Douvres ; Suriray, maire de Saint-Germain-le-Vasson.

Les Récompenses de la Mutualité

Médailles d'argent

M. Cairon, à Caen ; Mme Chenel, à Vire ; MM. Feret, à Caen ; Grand, inspecteur d'Académie à Caen ; Lantier, à Ouistreham ; Mannoury, à Lisieux, et Roberge, à Caen.

Médailles de bronze

MM. Charbonnel, à Caen ; Aubey, à Honfleur ; Costy, à Caumont ; Douillet, à Caen ; Dubuis, à Falaise ; Ducloi, à Caen ; Lemoine, à Caen ; Leclerc, à Caen ; Lemaire, officier d'administration à Caen ; Motte, à Lisieux ; Mahé-Boislandelle, à Caen ; Vassal, à Bayeux ; Marie, à Caen ; Mesaise, à Caen.

Mentions honorables

MM. veuve Billheux, à Caen; Anne, à Caen; Billy, à Caen; Delaunay, Davieux, à Mondon; Fouques, à Caen; Caval, à Honfleur; Colleville, à Caen; Gerval, à Dozulé; Huaulé, à Caen; Halot, à Ver-sur-Mer; Huet, à Caen; Le Biez, à Caen; Lecomte, à Caen; Leconte, à Vire; Lamy, à Bayeux; Lemagnen, à Dozulé; Mme Lemercier, à Caen; MM. Mabire, à Caen; Patry, à Caen; Ridel, à Lisieux; Roquet, à Caen.

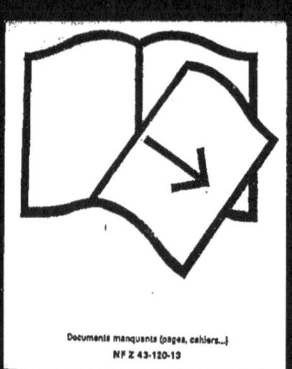
Documents manquants (pages, cahiers...)
NF Z 43-120-13

www.ingramcontent.com/pod-product-compliance
Lightning Source LLC
Chambersburg PA
CBHW070244100426
42743CB00011B/2122